Lyris

LYRIS

Deutschsprachige Dichterinnen und Dichter in Israel
Vorgestellt von Dorothee Wahl

beerenverlag

Der Verlag dankt dem Auswärtigen Amt der Bundesrepublik Deutschland für die Unterstützung des Projektes.

Dorothee Wahl   Lyris. Deutschsprachige Dichterinnen und Dichter in Israel

Veröffentlicht im beerenverlag, Frankfurt am Main, Januar 2004
Alle Rechte vorbehalten
© 2004 by beerenverlag, Frankfurt am Main

Gestaltung und Satz: Marit Münzberg, London, www.graphic-shapes.co.uk
Schrift: Futura
Papier: Schleipen Fly
Druck: Fuldaer Verlagsagentur, Fulda
Bindung: Leipziger Großbuchbinderei, Leipzig
Printed in Germany

ISBN 3-929198-40-1

beerenverlag
info@beerenverlag.de
www.beerenverlag.de

Felix Badt und Rolf Radlauer gewidmet.

INHALT

Vorwort
8

Der Jerusalemer Lyris-Kreis
10
Eva Avi-Yonah
16
Felix Badt
38
Eva Basnizki
46
Annemarie Königsberger
56
Yvonne Livay
70
Rolf Radlauer
80
Ilana Schmueli
90
Dorothea Sella
100
Manfred Winkler
108
Magali Zibaso
122
Nach-Wort von Wilhelm Bruners
130

Die Wege nach Palästina
132
Deutschsprachige Dichter in Israel
154

Anmerkungen
165
Literatur- und Quellenverzeichnis
167
Abbildungs- und Textnachweis
170

VORWORT

Eine deutsche Sprachinsel mitten in Jerusalem? 1988 erfuhr ich zum ersten Mal von der Existenz des Lyris-Kreises, einer Gruppe deutschsprachiger Dichterinnen und Dichter in Jerusalem. Nach einem ersten Besuch reifte der Gedanke, die Lebensgeschichten der Schriftstellerinnen und Schriftsteller aufzuschreiben.
Im November 1997 schließlich reisten Bernd Rensinghoff und ich nach Israel, im Gepäck Aufnahmegerät, Kamera, viele Fragen und die Absicht, ein Buch über den Lyris-Kreis zu schreiben – kein wissenschaftliches Werk, sondern ein Lesebuch, das die Geschichten der Teilnehmer und ihre Dichtungen festhalten sollte. Das Ergebnis liegt nun endlich vor.

Das einleitende Gedicht und das Nach-Wort stammen von Wilhelm Bruners, einem katholischen Priester, der seit vielen Jahren in Jerusalem lebt und Mitglied des Lyris-Kreises ist.
Mit neun Mitgliedern des Kreises – bis auf Yvonne Livay, die erst später hinzukam – konnten wir vor Ort Interviews führen. Aus zeitlichen und gesundheitlichen Gründen war es uns nicht möglich, alle Teilnehmer zu interviewen. Deshalb haben wir uns bei der Vorstellung des Lyris-Kreises stellvertretend auf eine Auswahl der Gruppe begrenzt.
Abschließend wird ein kurzer Überblick über die Geschichte der Bukowina, die fünfte Einwanderungswelle nach Palästina / Israel und das Thema der deutschsprachigen Dichter in Israel gegeben.

Die anregenden und interessanten Gespräche mit den Mitgliedern des Lyris-Kreises werden wir nie vergessen. Ihnen allen danke ich herzlich für ihre Mitarbeit und ihre Bereitschaft zu erzählen.

Außerdem möchte ich Walter H. Pehle für den – entscheidenden – letzten Schliff und das Ausleihen seines Aufnahmegerätes danken sowie Wilhelm Bruners für die unverzichtbare Unterstützung in Jerusalem und Ricarda Gerhardt für das abschließende Korrekturlesen.

Dorothee Wahl

DER JERUSALEMER LYRIS-KREIS

Wilhelm Bruners
Lyris

alt ist die sprache. deutsch. es gibt sie
einmal im monat. zur festgesetzten zeit
in jerusalem. als hätte die stadt nicht
andere sorgen (sprachunterricht für
einwanderer. mühsam die fremde
grammatik. die schriftzeichen)

wir beginnen mit tee und torte. auch
das gehört zu der versinkenden kultur
es war einmal: literatur und gastfreund-
schaft. die gelesenen texte brauchen
keine übersetzung. sind nicht frei von
traurigkeit über das, was für immer
verloren. aber hier erinnert für einen
abend. der geist der alten dichter wird
wach. ich sammle ihn ein. werde nicht
müde davon zu erzählen. gegen die
sprachlosigkeit der vielredner. gegen ihr
wortblech. das hallt nach
in meinen ohren. verhallt ...

vielstimmig der kleine chor, der
die worte herbeiruft. auch die
verwitterten. wortwörtlich nimmt
und sie verteidigt gegen lügen
gegen doppelzüngiges. auch mit
brüchigerwerdenden stimmen:
die worte sind längst nicht zuende
gesagt. ungeeignet für vereistes

sie tragen noch das licht
des sommers

Eva Avi-Yonah,
Annemarie
Königsberger
im Haus von
Eva Avi-Yonah
bei einem Treffen
des Lyris-Kreises
1997 in Jerusalem

»Wir unterhielten uns bei Kaffee und Kuchen, vier alte Freunde: Rolf aus Berlin wie ich selbst, Eva aus Norddeutschland und Ruth aus Dresden. Wir sprachen über den Kreis der englisch schreibenden Dichter, zu dem wir gehören, denn Englisch ist unsere zweite Sprache geworden. Jetzt aber unterhielten wir uns in unserer Muttersprache, wie Ruth sagte: ›Deutsch, das mystische Klangbild der Kindheit‹. Alle hatten wir Gedichte in dieser Sprache geschrieben. Rolf las: Ich schritt über goldene Felder – / Mich koste des Sommers Hand. / Nun hat sich sein leuchtendes Siegel / In all meine Sinne gebrannt – Da kam mir der Gedanke, daß wir regelmäßig zusammenkommen sollten, einmal im Monat. Wir wollen weiterhin deutsch schreiben, unsere neuen Produktionen lesen, besprechen und uns gegenseitig inspirieren. Ich schlug es vor, alle waren einverstanden.

Einige Monate lang blieben wir unter uns: Rolf Radlauer hat den Band ›Geführtsein‹ herausgegeben, einige Gedichte sind vertont worden. Eva Basnizki überlebte den ganzen Zweiten Weltkrieg in Deutschland, ist Journalistin und hat Gedichte in englischer und deutscher Sprache herausgegeben. Ruth Freund-Joachimsthal übersetzte während der Mandatszeit für die britische Armee; sie gab 1928 ›Frühe Gedichte‹ und 1942 ›Gedichte‹ heraus. 1985 starb sie nach kurzer schwerer Krankheit. Ich bin also die Gründerin des deutschen Dichterkreises ›Lyris‹, ich übersetze, habe Gedichte in englischer und deutscher Sprache publiziert und bin Mitglied des deutschen Schriftstellerverbandes in Israel.

Eva versprach, sich nach anderen Deutschschreibenden umzusehen. Wir schrieben, und ein frischer Wind schien in unsere Gruppe zu wehen. Wir entdeckten neue Kräfte....«

Lyris-Kreis-Treffen, Jerusalem 1997: Herma Winkler, Manfred Winkler, Wilhelm Bruners, Magali Zibaso, Felix Badt, Dorothea Sella (von links)

Annemarie Königsberger, in: *keshem. kultur und wissenschaft aus israel*, Frühling 1989, Nummer 38, S. 5

Das Haus der Dichterin und Künstlerin Eva Avi-Yonah ist der Treffpunkt des Lyris-Kreises. Hier versammelt sich einmal im Monat eine bunt gemischte Gruppe deutschsprachiger Dichterinnen und Dichter, um sich gegenseitig neue Texte vorzutragen und sie kritisch zu besprechen. Begonnen wird der Spätnachmittag mit Kaffee und köstlichem Kuchen. Nach und nach treffen die Mitglieder ein, bringen Gäste mit, man spricht miteinander, erzählt sich Geschichten. Dann werden die neuen Texte hervorgeholt und vorgetragen. In einer gemütlichen, angeregten Atmosphäre lassen Kritik und Lob nicht lange auf sich warten. Die Mitglieder kommen aus Österreich, Deutschland und Rumänien, und sie verbindet die gemeinsame Sprache.

Der Lyris-Kreis wurde 1982 von Annemarie Königsberger gegründet. Die gebürtige Berlinerin lernte in einem englischsprachigem Dichterzirkel Eva Basnizki, Ruth Freund und Rolf Radlauer kennen. Sie erfuhren von ihrer deutschsprachigen Dichtkunst. Warum also keinen eigenen Kreis gründen? So entstand die Gruppe und ihr Name Lyris, was bedeutet: »Lyrik aus Israel«.
Die Mitgliederzahl ist schwankend. Zum festen Kern gehören derzeit circa zwölf Personen. Das hohe Alter der Mitglieder ermöglicht manchen nicht mehr, regelmäßig zu den Treffen zu kommen. Besonders den Dichterinnen und Dichtern außerhalb Jerusalems ist die Reise oft zu beschwerlich.
Die Gruppe zeichnet sich durch ihre Offenheit aus: Jeder deutschsprachige Dichter ist willkommen. So werden Gäste vorgestellt und integriert, man

bemüht sich, auch jüngere Autoren einzuladen und somit Bewegung im Kreis zu halten. Wilhelm Bruners ist ein Beispiel für diese Offenheit: Als jüngerer Gast und katholischer Priester gehört er mittlerweile zum festen Bestand der Gruppe.

Seit 1985 veröffentlicht der Lyris-Kreis Gedichtanthologien ihrer Mitglieder. Darin versammeln sich nicht nur die Gedichte vom Kern der Gruppe und Beiträge von Gästen, sondern auch Texte von verstorbenen Mitgliedern finden so ihren Weg in die Öffentlichkeit.

EVA AVI-YONAH

FELIX BADT

EVA BASNIZKI

ANNEMARIE KÖNIGSBERGER

YVONNE LIVAY

ROLF RADLAUER

ILANA SCHMUELI

DOROTHEA SELLA

MANFRED WINKLER

MAGALI ZIBASO

Eva Avi-Yonah,
1997 in Jerusalem

EVA AVI-YONAH

Die Lyrikerin und Künstlerin Eva Avi-Yonah ist das Herz des Lyris-Kreises. Als Gastgeberin organisiert sie die monatlichen Treffen in ihrer Wohnung und gibt zusammen mit Annemarie Königsberger die Veröffentlichungen der Gruppe heraus.
Eva Avi-Yonah wurde 1921 als Eva Boyko in Wien geboren. Ihre Eltern waren bekannte Naturwissenschaftler, die Mutter war in der Hortikultur, der Vater in der Pflanzenökologie spezialisiert.[1] Die jüdische Religion spielte in ihrer Familie keine Rolle, aber man war zionistisch eingestellt.

»Ich war in der ersten Klasse, als bei mir die Frage nach Gott aufkam. Mein Vater – der ein großer Turner war – stand am Reck in unserem Haus und sagte: ›Ich bin Atheist.‹ Das war ein großes Problem für mich. Eigentlich war mein ganzes Leben auf die Frage aufgebaut: Gibt es oder gibt es ihn nicht – das hat mich sehr beschäftigt. Mit 13 Jahren glaubte ich, dass es keinen guten Gott geben könne, da er nichts gegen die Nazis unternahm. Ich dachte als Wissenschaftlertochter: Es bestand kein besonderer Grund, gerade die Menschen am Leben zu lassen. Wenn es einen Gott gibt, dann hat er ja alle Geschöpfe gemacht. Vielleicht hat er ja die Ameisen bevorzugt; ich beschloss, mir das Leben zu nehmen. Zu Hause herrschte eine kalte Atmosphäre. Man war intellektuell, hatte Dienstboten, aber wenig Gefühl. Mit der Giftflasche in der Hand – mein Vater machte seine Experimente zu Hause und so kam ich an das Gift – besann ich mich jedoch.
Stattdessen beschloss ich, ein ganz passives Leben zu führen, Gott sozusagen zu versuchen. Entweder er antwortet oder er antwortet nicht. Ich entschied mich dazu, keine Karriere zu machen, sondern wollte das Leben der Unterdrückten und Armen leben, das Leben der Reichen kannte ich ja. Mit meinen 13 Jahren wollte ich nach Indien, ich wollte fort. Als ich mit

dem Koffer vor meinen Eltern stand und ihnen dies berichtete, gab es einen unglaublichen Krach. Ich hatte einen Nervenzusammenbruch und konnte ein halbes Jahr nicht zur Schule gehen. Ich war sehr krank.«

1935 beschlossen die Eltern, mit ihren drei Kindern nach Palästina auszuwandern. Das Kommende vorausahnend, emigrierten sie rechtzeitig vor dem so genannten Anschluss Österreichs 1938.

Wieso ist Ihre Familie nach Palästina ausgewandert?
»Meine Eltern waren Zionisten. Sie wollten unbedingt nach Palästina. Sie hatten hier bereits Bekannte und reisten freiwillig mit Kapitalistenvisa ein. Ich wollte nicht mitkommen. Nationalismus fand ich falsch, eine Fortsetzung der Nazitradition. Auch heute denke ich nicht viel anders darüber. Ich bin in einer anderen Weise zionistisch. Ein Land aufzubauen ist immer eine gute Idee, aber nicht wie es jetzt geschieht. Auf jeden Fall war ich viel linker eingestellt als meine Eltern.«

Eva Avi-Yonah und ihre jüngere Schwester Maya mit der Mutter im Wien der zwanziger Jahre

1936 erreichten sie mit dem Schiff Palästina. Verglichen mit anderen Einwanderern ging es der Familie finanziell nicht schlecht.
»Meine Mutter kam aus einer Industriellenfamilie und erhielt bis Kriegsbeginn von ihrer Familie Geld. Sie bauten ein großes Haus in Jerusalem, das sie während des Krieges als Pension vermieteten. Meine Mutter hat für die Pensionsgäste gekocht, um zusätzlich Geld zu verdienen.
Meine Geschwister waren jünger als ich. Beide blieben nicht in Palästina: Meine Schwester lernte Tanz und ist später nach Amerika gegangen. Mein Bruder hat noch während des Unabhängigkeitskrieges als Hundezähmer gearbeitet. Er wollte Veterinär werden. Da es in Israel aber damals keine Möglichkeit gab, diesen Beruf zu erlernen, wanderte er nach Australien aus.«

Sie selbst besuchte in Jerusalem das Rechavia Gymnasium. »Ich verstand jedoch nicht viel. Alles war auf Hebräisch und interessierte mich nicht. Ich las deutsche Philosophie unter der Bank, Schopenhauer, Kant und Nietzsche; es störte mich immer sehr, wenn der Lehrer mich aufrief. Wegen meiner Probleme mit der hebräischen Sprache traute ich mich nicht, die Matura zu machen.«

Obwohl Eva Avi-Yonah noch Gymnasiastin war, besuchte sie bereits 1937/38 Abendkurse für Zeichnen bei Mordechai Ardon – damals hieß er noch Bronstein – an der Kunstschule Bezalel. Von 1938 bis 1940/41 war Eva Boyko an der später als Akademie anerkannten Bezalel eingeschrieben. Gebrauchsgrafik lernte sie bei Rudi Deutsch, Kunstgeschichte bei Fritz Schiff. »Schiff war ein netter Jecke, der noch sehr mit der Sprache zu kämpfen hatte, was dem Unterricht abträglich war, obwohl er eine Menge wusste. Aktzeichnen hatten wir bei Eisenscher, das ist aber ein Kapitel für sich. In der heiligen Stadt war Aktzeichnen strikt verboten, und wir mussten uns dazu in seiner Wohnung einfinden. Da es infolge des Verbotes auch keine Modelle gab, mussten wir uns verpflichten, selber der Reihe nach Modell zu sitzen. Es gehörte einiges dazu, die Scham zu überwinden und den Mut dazu aufzubringen.

Ich war eine begeisterte Schülerin von Mordechai Ardon. Ardon war ein ungewöhnlich guter Lehrer, auch ein guter Schauspieler, und ich lernte bei ihm nicht nur Zeichnen und Interesse für Kunstgeschichte, sondern auch, wie man Kunst unterrichten kann. Das nützt mir noch heute für meinen eigenen Kunstunterricht.«

Eva Avi-Yonahs Eltern auf ihrer Versuchsfarm in Yotvata (Negev) bei Eilat

Auf der Kunstschule lernte Eva Avi-Yonah Hans Rawinsky kennen, einen aus Deutschland stammenden Silberschmied, den sie mit 19 Jahren heiratete.

»Die Heirat war meine Rebellion. Meine Eltern hatten ihn strikt abgelehnt, weil er ›Proletarier‹ war. Wir hatten beide kein Geld und konnten mit unseren Luxusberufen – er als Silberschmied, ich als Grafikerin – unmöglich eine Arbeit finden. Ich musste jeden Tag auf den Markt in die Altstadt gehen und Essensreste, zum Beispiel Kohlblätter, aufsammeln. Davon wurde dann eine Suppe gekocht. Ich war stets auf der Suche nach irgendwelchen Löchern – unsere romantischste Wohnung lag im heute elegantesten Viertel Jerusalems, im alten Montefiore. Wir hatten ein Zimmer, das wir uns mit Strohmatten gestalteten. Sowohl der Schrank als auch das Bett bestanden aus Strohmatten. Als einziges Möbelstück besaßen wir ein großes Aquarium – das war natürlich ein Ereignis für die Kinder im Viertel, die ihre Nasen an unsere Fensterscheiben klebten. Zum Schluss mussten wir dann doch bei meinen Eltern wohnen, weil es uns so schlecht ging. Es endete dann mit der Scheidung.«

1941 ließ sie sich scheiden und zog nach Nahariya, um nicht von den Eltern und deren Kontakten abhängig zu sein. Als sie nach Nahariya kam, war die heutige Stadt noch eine kleine landwirtschaftliche Siedlung, die von dem deutschen Einwanderer Joseph Loewy gegründet worden war.

Eva Avi-Yonah schlug sich mit Gelegenheitsarbeiten durch. Ihre erste Anstellung als Haushaltsgehilfin bei einer Familie mit zwei kranken Kindern, die an Keuchhusten litten, konnte nur eine vorübergehende Lösung sein: 14 Stunden Arbeit für karges Essen als Lohn und eine Unterkunft in einem Hühnerstall aus Wellblech, den sie sich mit einem Truthahn teilen musste. »Der Truthahn störte mich nicht. Ich tapezierte den Hühnerstall mit Zeichnungen aus Bezalel, lag auf meinem Klappbett und beschloss, irgendwann einen Beruf zu erlernen, mit dem man überleben konnte.« Als Frau stand sie in Nahariya vor der Entscheidung, Näherin oder Köchin zu werden. Sie entschied sich für die Nähkunst. Es gab zwei Schneiderinnen, die an der Wiener Schneiderakademie gelernt hatten. Bei ihnen konnte sie in die Lehre gehen.

Eva Avi-Yonah in Nahariya, 1942

»Damals hat man erst begonnen mit der Konfektion, Salonschneiderei hatte höchstens in Großstädten eine Chance. Ich sah das überhaupt nicht und Konfektion verachtete ich natürlich. Ich wollte sehr schöne Dinge entwerfen. Damals gab es keine Gewerkschaft, niemand schaute auf Bezahlungen. Ich bekam 80 Piaster im Monat, das war in einer Zeit, wo der Mindestlohn 10 Pfund war. Davon habe ich mit einer kleinen schwarzen Katze gelebt. Am Abend ging ich mit einem Eimer und einem Besen zum Strand und lernte, wie man die Krabben fing. Es gab große Krabben. Mit dem Besen jagte ich sie – sie haben ein Eingangsloch und ein Ausgangsloch. Man sieht sie aber nicht im Sand, man muss sie finden. Man steht mit Besen und Eimer am Ausgangsloch, während man ins Eingangsloch etwas reinwirft, und dann fängt man sie. Inzwischen hatte ich auf dem Primus – ein Ofen, der mit Spiritus und Petroleum gefüllt wird – einen Topf mit Wasser stehen und da kamen die Krabben rein. Viele Jahre später als Professorengattin wollte ich meinem Mann zeigen, wie ich das gemacht habe, aber ich habe keine einzige Krabbe mehr fangen können.
Nach drei Jahren Lehre kaufte ich mir auf Raten eine Nähmaschine und arbeitete als Schneiderin. Ich wohnte mittlerweile in einer Art Holzcontainer für Möbeltransporte, bis ich in einen Autobus umzog. Im Weltkrieg wurden oft Reifen gestohlen, also brauchte man einen Nachtwächter für den Autobus. Ich schlief sechs Jahre lang in dem Bus, bis ich gesundheitlich nicht mehr konnte und ins Krankenhaus musste.«

Während dieser Jahre hatte sie ihre wenige Freizeit dem Malen und Dichten gewidmet. Die spezielle, von Deutschen geprägte Atmosphäre in Nahariya gab ihr auch die Gelegenheit, die deutsche Sprache weiter zu pflegen, ihre Kunst und literarischen Interessen mit anderen zu teilen. In Nahariya konnte Eva Avi-Yonah ihre ersten Ausstellungen präsentieren.
Mit Unterstützung der Eltern gelang es ihr, 1949 für einhalb Jahre nach Paris zu fahren und dort Malerei zu studieren. »Ich war an der Ecole des Beaux Arts bei dem Neoklassizisten Souverbie eingeschrieben und im Laufe von einigen Monaten auch bei Fernand Léger, der ein eigenes Atelier in Paris hatte und nur selten persönlich anwesend war. Ich hatte eine schöne Zeit in Paris, dieser Bohemestadt, obwohl es damals nach dem Krieg noch

nicht die Lichterstadt war. Gerade im internationalen Viertel um die Beaux Arts herrschte große Armut.«

Warum sind Sie nach Palästina zurückgekehrt?
»Zum einen zerschlug sich eine Freundschaft mit einem jüdischen Flüchtling aus Polen, der mich heiraten wollte. Zum anderen hatte ich kein Geld mehr und es war unmöglich, eine Arbeitserlaubnis zu bekommen. Ich fühlte mich auch in Israel viel mehr zu Hause als in Paris. Man war in Israel freier als in Paris. Man war in einem Land, das noch im Aufbau war, wo man überall hingehen konnte. In Paris schaute man den Mädchen nach, nicht in Israel, wo man nach der Arbeit eingeschätzt wurde. In Paris wurde geflirtet, und das genoss ich sehr. Aber was für mich unverständlich war: Die Frauen gingen in kleinen trippelnden Schritten, ohne scheinbaren Grund, man konnte doch ausschreiten. Ich fühlte mich viel freier als die Pariserinnen.«

Bohnen
Nahariya 1948

Zurückgekehrt in Israel wurde Eva Avi-Yonah an mehreren Schulen in Nahariya als Kunstlehrerin angestellt. Die Kinder aus ihren Klassen kamen aus aller Welt, unter ihnen waren viele Einwandererkinder aus Marokko, Irak und Iran. Sie gab einen sehr erfolgreichen Unterricht:
»Weil die Kinder aus den unterschiedlichsten Ländern kamen, stellten sich beim Malen interessante Unterschiede heraus. Die orientalischen Juden – natürlich verallgemeinert gesehen – hatten ein ganz anderes Farbenerleben als die Europäer. Während das europäische Kind in Begriffen denkt, denkt das orientalische Kind in Farben. Es gibt viel mehr Farben als Begriffe. Ich machte Ausstellungen mit den Ergebnissen meiner Schulerfahrung, schrieb Artikel, aber viel genützt im Sinne einer kulturellen Annäherung hat es nicht. Es gab kein Budget, ich ließ die Kinder Hühnerfedern auflesen und zahlte selber für die Pigmentfarben. Wir mischten anfangs die Farben selber und malten mit Fingern und Federn auf dem Boden – Stühle und Tische gab es selbstverständlich nicht. Erst viel später bekam ich für meine Arbeit ein Budget. Das habe ich circa zehn Jahre gemacht.«
Durch ihre Arbeit mit den Emigrantenkindern wurde sie in kunstpädagogischen Kreisen bekannt. Sie organisierte eigene Ausstellungen und

veröffentlichte Artikel über die speziellen Begabungen der Einwandererkinder verschiedener Herkunft.

Ihr zweiter Mann war ein berühmter Archäologe in Israel. Wo und wie haben Sie ihn kennen gelernt?
»Meine Gottsuche war bislang negativ ausgefallen, und sie beschäftigte mich hintergründig immer noch sehr, es war also eine Sinnsuche. Alle Leute sagten, wenn man ein Kind kriegt, dann hat man keine solchen unnützen Gedanken mehr. Ich wollte die Möglichkeit ausprobieren und ging ganz gezielt auf Männersuche, schließlich war ich schon 35 Jahre alt, mir blieb also nicht viel Zeit. Der letzte, an den ich dachte, war mein späterer Mann, den ich sehr bewunderte. Ich hatte ihn über Otto Stiel, einen sehr guten Freund kennen gelernt. Er war mit Herrn Avi-Yonah befreundet. Dieser wiederum stand gar nicht auf meiner Liste an Möglichkeiten. Er war 17 Jahre älter als ich, und ich war mir sicher, dass er eine Freundin hatte. Ich wusste nicht, dass er sich gerade hatte scheiden lassen. Er war Professor für Archäologie und kam ursprünglich aus Lemberg. Seine Mutter war zwar Polin, aber die Sprache hatte er schon fast vergessen. Ich schrieb ihm, dass ich nach Jerusalem kommen wolle. Ich sei auf der Suche nach einem Mann und fragte ihn, ob er mich unterbringen könne. Er machte mir dann einen Heiratsantrag und ich sagte gleich ja.«

Orange
Nahariya 1943

1955 heirateten sie und nach zwölf Jahren in Nahariya zog Eva zurück nach Jerusalem, um das Leben an der Seite eines Professors zu führen. Ihre kunstpädagogische Arbeit an Schulen, Lehrerseminaren und mit Erwachsenen setzte sie in Jerusalem fort. Bis heute unterrichtet sie Erwachsenenkreise in der Malerei. Eva Avi-Yonah hatte zahlreiche Austellungen in Jerusalemer Galerien und nutzte die vielen beruflichen Reisen mit ihrem Mann zur künstlerischen Weiterbildung.

Nach der Geburt ihres Sohnes Reuven im Dezember 1957 stand sie vor der schwierigen Frage, in welcher Sprache das Kind erzogen werden sollte:
»Das war eines der großen Probleme zwischen meinem Mann und mir. Mein Mann wollte ihn nur auf Hebräisch erziehen. Mein Hebräisch war jedoch so schlecht, dass ich sein Denken nicht einschränken wollte, denn die erste Sprache ist die, in der man das Denken beginnt. Die ersten drei Jahre sprach er also Deutsch. Wir waren damals in Italien und er hatte eine österreichische Babysitterin, die mit ihm Deutsch lernte. Zurückgekehrt in Israel kam er in den Kindergarten und verstand die hebräisch sprechenden Kinder nicht. Das war gerade zur Zeit, als das Problem der Wiedergutmachungszahlungen aufkam und eine starke antideutsche Gesinnung sich auch im Kindergarten widerspiegelte. Reuven wurde als ›Deutscher‹ verfemt und als Illiterat von den Kindern missachtet. Sein Hebräisch war tatsächlich ärmlich. Obwohl er die Sprachkenntnisse bald nachholte, blieb

ihm doch eine Abneigung gegen die deutsche Sprache, die es ihm bis heute schwer macht, deutsch zu sprechen oder zum Vergnügen zu lesen. Das war eine wirklich schwere Zeit für ihn. Ich spreche seitdem mit meinem Sohn hebräisch, ebenso mit meinen Enkeln.«

Ihre akademische Laufbahn an der hebräischen Universität begann erst 1974, nachdem ihr Mann verstorben war. Sie schrieb sich an der Hebräischen Universität für Philosophie und Kunstgeschichte ein und besuchte dazu Kurse in deutscher und amerikanischer Literatur, in Ästhetik, Anthropologie und Philosophie. 1997 schloss sie mit 76 Jahren ihre Dissertation über das Thema ›Abstraktion und latente Bedeutung‹ ab.

Eva Avi-Yonah mit ihrem Mann und dem gemeinsamen Sohn Reuven

»Der Untertitel meiner Dissertation lautet ›Bedeutsame Form in der figürlichen Darstellung‹. Ich werfe darin die Frage auf, warum der Mensch als einzige Gattung Imitationen seiner selbst verfertigt, was ihn dazu treibt und warum er das nun über mehr als 20 000 Jahre als Anbetungsobjekt, als Fetisch, als Zauber, als Grabhöhle, als Puppe, als Objekt des Gedenkens und als Kunst so treibt. Ich zeige darin, wie das Fragliche des existenziellen Selbstverständnisses des Menschen in der Darstellung seiner Gestalt, auch wo er sich dessen nicht bewusst ist, thematisiert und ausgetragen wird. So, dass das heute oft prophezeite oder propagierte Ende der Kunst nur mit dem Ende des Menschen selbst zusammenfiele.«

Ihre schriftstellerische Tätigkeit entfaltete sich ebenfalls erst zwei Jahre vor dem Tode ihres Mannes (1974), anlässlich eines starken esoterischen Erlebnisses, das ihr wie die Antwort auf ihre lebenslange Sinnsuche erschien.
Sie schreibt in deutscher Sprache, obwohl dies in Israel lange verpönt war.
»Es sollte eigentlich nichts Besonderes sein, in einem Land der Einwanderung seine Muttersprache weiter zu pflegen und zu schreiben. Als der Staat Israel noch jung und unsicher war, konnte man verstehen, dass er seine nationale Eigenheit unterstreichen wollte, vielleicht musste. Dabei ging aber viel Menschliches verloren, und ich empfand es als sehr schmerzlich, dass das Deutsche verpönt und verfemt war. Ich wehre mich dagegen, wie ich mich überhaupt gegen jede nationale Intoleranz

wandte. Es war doch für mich wie für viele andere ein wesentlicher Verlust – ich würde fast sagen, an Seele. Deshalb ist mir der Lyris-Kreis auch wichtig. Er gibt Anregung, Kommunikationsmöglichkeit und bewahrt Erinnerungen, die sonst verschüttet wären. Der Kreis umschließt eine besondere Art der Freundschaft und Schicksalsgemeinschaft.«

Wie ist Ihr Verhältnis zur hebräischen Sprache und Kultur?
»Ich bin in der hebräischen Kultur nicht heimisch. Ich spreche natürlich Hebräisch fließend, vieles ist mir geläufiger als auf Deutsch oder Englisch, aber ich lese es langsam und benutze oft ein Wörterbuch für Orthographie beim Schreiben. Die inzwischen zur Weltliteratur angewachsene hebräische Belletristik und Dichtung entgeht mir leider, was ich bedauere. Ich musste sie aus meiner Prioritätenwahl streichen. Es wäre zuviel, die Zeit reicht einfach nicht. Natürlich bedeutet das, dass ich nur neben der mir gemäßen Gesellschaft lebe. Für meine Eltern war die Situation noch viel extremer. Mein Vater litt beruflich und gesellschaftlich stark unter dem Sprachenkonflikt. Er beherrschte das Hebräische nur mangelhaft und hatte auch nicht viel Sprachtalent. Meine Mutter war darin geschmeidiger; sie sprach zwar ein fehlerhaftes Hebräisch, aber ihr Temperament half ihr über die Situation hinweg. Das Einleben in die hebräische Sprache und Kultur war bei meinen Eltern trotz ihrer zionistischen Einstellung nicht inbegriffen.«

Eva Avi-Yonah mit ihrem Mann, Nahariya 1961

Verstehen sich die österreichischen Einwanderer auch als Jeckes?
»Eigentlich nicht. Wiener betrachten sich im Allgemeinen als sehr verschieden, weniger steif und bieder, sondern weicher und humorvoller. Vielleicht ist etwas davon wahr, aber man kann das natürlich mit demselben Recht auch negativ ausdrücken, also dass sie weniger ehrlich sind, intriganter usw. Mein Vater, dessen Familie aus Galizien stammt, der also dem Ursprung nach kein Jecke ist, hatte mit seiner Unfähigkeit sich anzupassen, viele dieser jeckischen Eigenarten. Heute ist der Begriff Jecke kein abfälliger Begriff mehr. Jetzt, da sie am Aussterben sind, werden sie sogar hie und da gefeiert und für ihren beträchtlichen Beitrag in Forschung, Industrie und Kunst gelobt.«

Bereits während Ihrer Zeit in Paris haben Sie Israel als Ihre Heimat betrachtet. Wie ist Ihr Verhältnis zu Österreich?

»Aus Mitteleuropa vermisste ich am meisten die Flora. Mein Vater nahm uns als Botaniker überallhin mit und so hatte ich eine innige Beziehung zu Pflanzen. Meine menschlichen Kontakte sind abgebrochen, nur eine Freundin, eine Christin, ist geblieben. Ich war nach dem Krieg dreimal in Österreich und mit meinem Mann ein halbes Jahr in Deutschland, in München und Pullach. Mein Mann hatte ein Sabbatical Jahr, und ich lernte in Deutschland Bildhauerei und Bronzeguss. Wir hatten kein Problem damit, in Österreich oder Deutschland zu sein. Und dennoch ist natürlich Israel meine Heimat, aber immer gemeinsam mit der arabischen Bevölkerung. Das orthodoxe Judentum dagegen spielt für mich höchstens eine Rolle als philosophisches Sezierobjekt. Insofern, als Glaube etwas ist, was man nicht weiß, sehe ich nicht ein, warum er Anlass zum Streit sein soll. Sogar göttliche Offenbarung, wenn es eine solche je gab, muss doch über den unzulänglichen menschlichen Verstand in unzulänglicher Sprache und zeitbedingter Metaphorik erfolgt sein. Wahrscheinlich haben alle Religionsstifter durch ein Schlüsselloch oder eine Ritze in den großen Himmel geschaut – wer aber wird schon klug aus so einem Ausschnitt? Dass eine Religion sich für wahrer oder besser hält als eine andere, scheint mir sehr arrogant und höchst unheilig. Es hat ja auch genug Unheil gestiftet und tut es heute noch. Ich zweifle sehr an der menschlichen Vernunft. Insofern als sie sich von der der Tiere unterscheidet, sollte sie eine weitere Sicht als nur den kurzfristigen Vorteil des Einzelnen, einer Clique, Nation, Religion oder eines Staatswesens im Blick behalten können.«

Wie sehen Sie die Zukunft Israels? Sehen Sie eine Chance für den Friedensprozess, und was halten Sie von der Zwei-Staatentheorie Israel und Palästina?

»Ich hoffe und bete, dass der Friedensprozess wieder in Schwung kommt. Was einen palästinensischen Ministaat anbelangt, so wird es wohl aller Wahrscheinlichkeit nach dazu kommen, ob wir wollen oder nicht. Ich glaube jedoch, dass eine Föderation wie in der Schweiz für alle vorteilhafter wäre. Ich bin im Ganzen gegen alle Blut- und Bodenpolitik, gegen doppelte Moral und gegen eine sich selbst erfüllende Paranoia.«

oben
Leda
unten
Paar

Horra

oben
Eva und der Apfel
unten
Braut

oben
Wettlauf
unten
Friedensprinz

Was ich lernen sollte

Über die erfrorene Wespe am Fensterbrett
denke ich nach.

Die ich zwischen zwei Finger nahm –
Kinderfinger –
und neben den Milchkaffee legte.

Wie sie sich regte, ihre Beinchen,
ihre Fühler auftauten

bis sie mich stach – und meine Mutter sagte:
»Das soll dir eine Lehre sein.«

Und nun denke ich nach schon an die siebzig Jahr:
Was sollte ich lernen?

War es,
dass man weder edel noch hilfreich sein solle?
Oder auch,
dass Misstrauen zu allem und jedem
erstes Gebot sei?
Dass alle Mitgeschöpfe auf Erden
mich verfolgen,
mir feindlich gesinnt sind
und es daher sicherer ist
gefühllos durchs Leben zu gehen,
hart und gepanzert?

Sollt ich es mir eine Lehre sein lassen,
dass auf keinen Verlass ist,
nicht auf Mutter noch Kind,
nicht auf Mensch noch Tier,
dass kein Gott
gütig und fürsorglich
seine Hand über mich legt,
sondern Stachel und Spott
das Vertrauen belohnen,
das in der Seele der Kinder erwacht

und wieder erfriert?

Versöhnungstag

Frag nicht wer schuld ist.
Sprich nicht
von Strafe, von Rache.
Denke
an Mittel und Wege,
an die Listen der Liebe.
Geh unbeirrt und beanspruche
keinen Gegenwert.
Nur so
wird es erträglich.

Das Leben
ist immer dem Tod abgerungen,
die Liebe dem Hass
und öfter noch
der platten Gleichgültigkeit.

Jetzt
wo schon die Eulen
in deinem Haar
nisten
und der Saft in den Stämmen
die Zweigspitzen
empfindlicher macht
gegen das Abschiednehmen –

glaub mir,
es war nicht die Rede
von Schuld.
Es ist nichts zu bezahlen.

Schweigend zu sagen

Deutsch ist mir eine nackte Sprache,
die mich blossstellt.
Feigenblätter
such ich umsonst,
sie wachsen in anderen Regionen.

Ihre Worte decken das Quälende nicht,
das herauswill,
aber trotzdem nur
volle Verschwiegenheit
gerne sich zum Vertrauten macht.

Frag mich nicht, was ich sagen will,
was ich verschweige.
Was wie ein Alb in den langen Nächten
Herz, Lunge und Leber bedrückt.

Oder wenn es schon sein muss, frag mich in einer Sprache,
die sich leicht gibt,
eine zumindest in der
auch das Lachen zu Hause ist!

Trächtiger Traum

Aufgetaucht
Aus dem Meer des Vergessens
Angeschwemmt
Strandgut

Durch den Traumwolf gedreht
Springts mit mir um
Konglomeriert mich
Löchrig ein Puzzle

Das der stotternde
Zufall gezeugt
Mit der Norne,
der Seilerin.

Die windets
Zur Nabelschnur
Und faselt
Zukunfts-

Trächtig vom Fälligen.

Beschwörung des Spätsommers

Geh nicht so schnell vorbei, Sommer,
nach dem ich mich sehnte –
meine Arme trinken noch Luft,
meine Schultern dehnen sich noch
der Sonne zu,
der verwilderte Garten
ist grün verhangen
und alles Lebendige
kriecht und fliegt
hektisch und nützt
die fruchtbare Spanne.

Ich bin allein, nicht mehr fruchtbar,
aber der Sommer
fühlt sich überreif an auch in mir
und ich trinke ihn langsam
in kleinen Schlucken.

– Die Nächte sind länger bereits,
die Lilien vorbei und schon tue ich
Sonnenblumen und Astern
in den zu kleinen Krug –
Er kann sie kaum halten.

Warte noch!
Zögere
den Herbst noch hinaus!

Kleines Wunder

Mein Flieder,
der im Sommer abstarb,
treibt mir im Herbst
junges Grün und duftende
Blüten.
Der kümmert sich nicht
um die Weisheit
der Gerontologen.

Die wackeln mit den Köpfen
und hängen am Altgewohnten:

»Du wirst noch sehen,
wenn es erst kalt wird!
Niemand tanzt aus der Reihe.
Keiner hat was zu lachen.
Bisher behielten wir immer noch
das letzte Wort.«

[ohne Titel]

Mir träumte,
daß wir wieder Menschen werden sollten
in Israel. Ich hörte den Ansager im Radio,
es sei in der Knesset beschlossen worden.
Einstimmig. Ich freute mich
und dachte:
Vielleicht werden nun wieder
reine Quellen fließen
aus friedlich geteilter
unschuldiger Erde.
Ich ging
mit der Nachbarin sprechen
über dem Zaun.

Raubbau

Um das Land, um den Titel am Lande
geht es. Darum,
ob die Ziege auch weiterhin rupfen
soll, ein Hochhaus gebaut, oder
Siedler, den heiligen Büchern zufolge,
hier, grade hier
ansässig werden.

Darum. Um das Heilige
geht es. Die Sch'china hat,
Distel und Dorn überschattend,
Flügel gebreitet, fühlbar
dem Wollenden nur. Dem Ketzer
aber, und der Ziege
entzogen.

Um den Titel geht's, um die Grenze,
um Schild und Gitter.
Siehst du den Habicht
spähen auf Beute im Umkreis?
Weiter noch wir.
Bald sind wir
über dem Berg.

In Erwartung

Zähle die Monate   Zähle die Jahre
Wie wirst du aussehen   Wer wirst du sein

Bevor du warst   Was warst du aber
Bevor du keimtest   in mir?

Ich kenne dich.   Wer bist du.
Du warst   von Anbeginn

Du springst   in meine Welt
Fertig. Ein Greis   ein Mann ein Jüngling

Ein Kind. Ich trage dich
Aus.

Du überblickst mich
Hoch oben   gehst du

Siehst meinen   Scheitel
Du tauchst   hinunter

In den Puls   der Adern
In meinen Träumen   da tauchst du auf

Und springst   in meine Welt
Fertig. Ein Greis   ein Mann ein Jüngling

Ein Kind.
Zähle die Monate   Zähle die Jahre
Ich kenne dich   Ich trage dich
Aus.

Felix Badt,
1997 in Jerusalem

FELIX BADT

Felix Badt schreibt Kurzgeschichten. Durch Zufall erfuhr er von der deutschsprachigen Runde, der er seit 1990 angehört. Der Lyris-Kreis spornt ihn an, immer wieder neue Geschichten zu Papier zu bringen.

Felix Badt ist ein gebürtiger Berliner. Er kam 1933, im Alter von fünfzehn Jahren, mit seinen Eltern nach Palästina. Er stammt aus einer wohlhabenden und angesehenen Familie. Sein Großvater, Benno Badt, war ordinierter Rabbiner und Professor für Altphilologie. Der Vater, Hermann Badt, war Ministerialdirektor am preußischen Innenministerium. Er war Mitglied der Sozialdemokratischen Partei und Träger des Eisernen Kreuzes im Ersten Weltkrieg.

Die Familie lebte in großbürgerlichen Verhältnissen: Eine Wohnung mit elf Zimmern stand zur Verfügung, zwei Dienstmädchen hatte man angestellt und konnte es sich erlauben, zweimal im Jahr in Urlaub zu fahren. Es mangelte an nichts. Die Familie väterlicherseits hielt die religiösen Gesetze ein und war gleichzeitig von dem zionistischen Gedanken eines jüdischen Staates angetan. Felix erhielt eine religiöszionistische Erziehung und träumte als kleiner Junge davon, einmal in einem Kibbuz zu leben. Die Mutter dagegen war Nichtjüdin und damit die Außenseiterin der Familie:

»Mein Vater hielt zwar die jüdischen Gesetze ein. Wir hatten aber damals immer den Verdacht, dass er das alles getan hat, um seine Mutter zu beruhigen, für die die Mischehe ein schwerer Schlag war. Meine Großmutter hat mit meiner Mutter nie gesprochen. Meine Mutter musste einen koscheren Haushalt führen. Sie hat mitgespielt. Erst als mein Vater tot war, hat sie so gelebt, wie sie wollte, sie hat z. B. plötzlich am Schabbes geraucht.

Ich selber habe dieses religiöses Denken nicht in mir. Ich glaube durchaus, dass das Leben auf irgendeine Art weitergeht. Aber das hat nichts mit irgendeinem Gott zu tun, der sich mit ethischen Fragen befasst. Der Holocaust hat mir das bewiesen. Gott hat nichts zu tun mit ethischen Fragen.«

Am 27. Februar 1933 brannte der Reichstag. Zwei Wochen später schickte Hermann Badt die gesamte Familie angeblich zum Skilaufen in die Tschechoslowakei, vier Wochen später waren sie in Palästina. Das schnelle Handeln des Vaters rettete die Familie.

»1935 kam der beste Freund meines Vaters, ein Rechtsanwalt aus Breslau, zu Besuch nach Palästina. Mein Vater riet ihm eindringlich, nicht mehr zurückzugehen, sondern seine Familie herauszuholen. Der Freund jedoch glaubte nicht an die Gefahr durch die Nazis, da sie seine besten Kunden waren. Die Töchter brachte er noch nach England, aber seine Frau und er sind dort geblieben. Meine Klassenlehrerin aus Berlin kam auch zu Besuch nach Palästina. Sie wollte ihre kranke Mutter nicht allein lassen und ist nach Deutschland zurückgefahren. Auch sie sind ermordet worden.«

In Palästina angekommen, wohnte die Familie zunächst in Tel Aviv. Der Vater bekam keine Anstellung. Felix glaubt, dass er als Jecke weniger Chancen hatte. »Die Jeckes hatten es schwer, zum einen, weil die meisten Stellen bereits in den Händen der Ostjuden waren, mit denen man nicht viel anzufangen wusste. Zum andern gab es die üblichen Eingliederungsprobleme. Das Besondere aber war, dass viele Jeckes so ein Gemisch aus Idealismus und Pragmatismus mitbrachten. Das Leben änderte sich völlig und man konnte sich nicht mit den hiesigen Gesetzmäßigkeiten anfreunden. Ein Jecke ist ein Mensch, bei dem fünf mal fünf 25 sind, obwohl es hier 30 sind. Ein Jecke nimmt alles sehr genau, und er hat eine gewisse Schwerfälligkeit. Da gibt es einen netten Witz über die Jeckes: Ein Jecke trifft auf dem Friedhof seinen Freund Willi. Er fragt ihn: ›Was, du auch hier, wen begräbst du?‹ Sagt er: ›Meine Frau.‹ ›Was, du hast eine Frau?‹ ›Ja, das ist meine zweite Frau.‹ ›Ja, da muss ich dir ja noch einen Glückwunsch überreichen.‹ ›Zur ersten oder zur zweiten?‹ «

Als 15-Jähriger wurde Felix aufgefordert, in die Haganah, die militärische Eliteeinheit des Jischuws, einzutreten. »Man wusste dort alles über mich, auch, dass ich einen kommunistischen Freund hatte. Man verbot mir, ihn zu sehen. Natürlich habe ich ihn weiter getroffen und war also ›nicht reif‹ für die Elite.«

Nach Ausbruch des Zweiten Weltkrieges wurde er für fünf Jahre Soldat der britischen Armee, zwei Jahre lang bildete er Soldaten im Skilaufen aus. Seine Soldatenzeit beendete er 1949 nach dem Unabhängigkeitskrieg. Felix Badt beschloss, in den Norden Israels zu gehen.

»Jerusalem hat mir damals nicht mehr gefallen. Ich war ausgebombt worden, und man hatte mir ein Zimmer in der teuersten Gegend von Jerusalem zugewiesen. Ich habe die Schlüssel stecken lassen und bin nach Kinnereth gefahren, zu einer kleinen Kolonie am Tiberiassee. Ich kannte die Leute dort. Sie sagten, gut das du hier bist, wir brauchen einen Kuhhirten. Ich war Kuhhirte, bis mir in einem Sommer die Weide abbrannte. Jedes Jahr im Sommer, während der starken Trockenperiode, gab es große Brände. Dann fing ich an, Fische auf dem See Genezareth zu fangen.«

Erst Ende der sechziger Jahre kehrte Felix Badt nach Jerusalem zurück. Er heiratete und wurde Vater eines Sohnes. Bis 1980 arbeitete er in einer Versicherungsgesellschaft. Seitdem befindet er sich im Ruhestand, bezeichnet sich als »gentleman of leisure« und schreibt. Seine Texte schrieb er zunächst auf Englisch und ließ sie ins Deutsche übersetzen, bis er auf gravierende Übersetzungsfehler stieß.

Felix Badt als junger Mann

»Da beschloss ich, selber auf Deutsch zu schreiben. Die deutsche Sprache ist irgendwie zu mir zurückgekommen, obwohl ich sehr wenig Deutsch gesprochen habe. Mit meiner Frau habe ich Hebräisch gesprochen, obwohl sie auch aus Deutschland war. Aber sie kam schon als kleines Kind mit sechs Jahren nach Israel. Ab und zu habe ich mal ein Buch auf Deutsch gelesen, aber insgesamt schon sehr wenig. Die hebräische Sprache habe ich nie richtig gelernt. Ich spreche fließend Hebräisch und habe das Abitur auf Hebräisch gemacht. Aber ich habe die Sprache nie richtig aufgenommen – man muss sie als Kind richtig aufnehmen. Besonders Hebräisch, weil es eine sehr reiche Sprache ist. Ich bin mit 15 Jahren ins Land gekommen und war zu jung für Deutschland und zu alt für Israel. Aber meine Muttersprache ist natürlich das Deutsche. Das ist eine Art Atavismus, ein Zurückkehren zur deutschen Sprache.«

Ist Israel für Sie Heimat, zu Hause?

»Ich bin hier zu Hause, ich fühle mich überhaupt nicht mehr als Deutscher, sondern als Israeli. Nach fünf Jahren englischem Militär und nach all dem, was in Deutschland geschehen ist, ist es leicht, sich nicht mehr als Deutscher zu fühlen. Israel ist meine neue Heimat geworden. Dass ich dem ganzen Hokuspokus hier nicht traue, ist wieder eine persönliche Sache. Wissen Sie, ich bin ein frustrierter Anarchist, ich bin immer gegen das Establishment, gegen die Regierung. Ob das links ist oder rechts.«

Viele Ihrer Texte enthalten politische Aussagen. Ist Politik ein Thema im Lyris-Kreis?

»In dem Kreis wird kaum über Politik diskutiert. Aber mehr oder weniger haben wir mit wenigen Ausnahmen eine ähnliche Meinung, beispielsweise über diesen Bibi Netanjahu [israel. Ministerpräsident 1996 bis 1999], er ist für das Land eine Katastrophe. Und ich sehe kaum eine Zukunft für die neue Generation. Schuld daran tragen zwei Seiten: zum einen die fanatischen Siedler, die in den eroberten Gebieten sitzen, und zum andern die fanatischen Araber. Sie können nicht zusammen leben. Die einzige Lösung liegt wahrscheinlich darin, den nächsten Krieg solange wie möglich zu verschieben. Aber auch dazu müsste man einige eroberte Gebiete aufgeben und das wollen die Frommen nicht. Die Gefahr besteht hier, dass die Menschen langsam immer frommer und dadurch die Kompromisse immer schwerer werden. Und der nächste Krieg wird mit all den neuen Waffen schrecklich werden. Es gab viel Hoffnung unter der Regierung Rabin und Peres. Obwohl ich Rabin nicht sehr gern hatte. Ich habe eine Geschichte über ihn geschrieben. Wie er das Verbrechen begann, während der Intifada den Soldaten Stöcke zu geben und ihnen zu sagen: ›Ihr sollt ihnen die Knochen zerbrechen.‹ Später hat er es natürlich verneint. Er behauptete, sich nicht zu erinnern, so etwas gesagt zu haben. Es gibt zwei Möglichkeiten, sich an einen solchen Befehl nicht zu erinnern: Wenn man gelogen hat, oder wenn man betrunken ist... Statt zu sagen, das war ein Irrtum in der Zeit, hat er es verneint. Das habe ich ihm nie verziehen. Trotz allem hat er sich bemüht, Frieden zu machen. Er ist am Höhepunkt seiner Karriere erschossen worden.

Meiner Meinung nach muss man den Arabern sehr viel Konzessionen machen, ihnen gebührt ein Staat. In den letzten Jahren hat sich die ganze zionistische Geschichtsschreibung verändert. Langsam kommen Quellen an die Oberfläche, die belegen, wieviel Ungerechtigkeiten begangen wurden. Bei der Staatsgründung 1948 z. B. sagte man uns, dass die Araber geflohen seien. Heute weiß man, dass man sie mit Gewalt vertrieben hat und ihnen ihr Land enteignet wurde. 1948 waren wir alle Helden. Langsam kommt die Wahrheit ans Licht. Ich bin ein begeisterter Schachspieler. Alle zwei Jahre kommt ein Armenier zu uns in den Schachklub. Er stammt aus einer reichen palästinensischen Familie. Sein gesamter Besitz wurde beschlagnahmt und er kann nur zu uns kommen, wenn er ein mühsam erworbenes Visum kriegt. Das ist nur ein Beispiel von vielen Ungerechtigkeiten.«

Felix Badt ist 1998 in Jerusalem verstorben.

Zurück vom Ende der Welt

Der Soldat saß neben mir im Auto. Er hätte mein Enkel sein können, ein Enkel, den ich nie gehabt habe. Ich wünschte, ich hätte so wie er ausgesehen, als ich in seinem Alter war. Ich war damals alt und schmutzig, unrasiert und stank, wie alle im Lager. Er war jung, frisch rasiert und sauber, im Gegensatz auch zu den müden, ein wenig vernachlässigten Soldaten, die ich abgesetzt hatte, bevor er mich anhielt. Er war auch höflich. »Shalom« hatte er gesagt und ob ich ihn »bitte« mitnehmen könnte, er wolle in den Kibbuz K., würde aber selbstverständlich, wenn nötig, an der Kreuzung aussteigen.
Um ihn in seinen Kibbuz zu fahren, hätte ich einen zwanzig Kilometer langen Umweg machen müssen. Ich sagte ihm das und fügte hinzu: »Aber dich, weil du so höflich warst und Shalom und bitte gesagt hast, würde ich bis ans Ende der Welt fahren.«
»Das ist gar nicht nötig, ich komme gerade von dort«, antwortete er.
Ich sah den Knüppel in seiner Hand. »Woraus ist das Ding gemacht?«, fragte ich ihn, »Holz, Plastik, Gummi?«
»Gummi«, sagte er.
»Gummi, das ist gut. Das wird einen schönen dicken Qualm geben, wenn du ihn verbrennst, so viel Rauch wie die Autoreifen der Intifada. Du willst ihn doch verbrennen, nicht wahr?«
»Ich bin mir nicht sicher; ich habe ihn als Andenken mitgenommen.«
Das rüttelte mich auf. Vom Ende der Welt gekommen, mit einer so schrecklichen Waffe als Andenken! Was hatte er erlebt? Was ging in ihm vor?
»Andenken! Woran?«
Statt einer Antwort zog er ein Päckchen Zigaretten aus der Tasche und bat um Feuer.
»Junge Menschen sollten nicht rauchen, es schadet der Gesundheit«, sagte ich im Spaß und reichte ihm mein Feuerzeug. Er machte zwei, drei Züge, dann warf er die Zigarette aus dem Fenster.
»Da haben Sie ganz recht, sie sollten nicht rauchen, nicht trinken und auch nicht mit Mädchen schlafen. Sie sollen ihre Stöcke steif halten und bereit sein, andere Jungen damit zu schlagen. Und auch Mädchen.«
Das versetzte mir einen zweiten Schock und machte mich traurig. Der Junge wußte zuviel und tat mir sehr leid.

»Wir sprachen über den Knüppel. Wozu willst du so ein Andenken? Brauchst du das? Sie werden dir einen anderen geben, wenn du vom Urlaub zurück kommst.«
Er zog noch eine Zigarette aus der Tasche, bat aber nicht um Feuer.
»Nein, das werden sie nicht, auch wenn sie mich dazu zwingen sollten.«
Wir hielten an einer Tankstelle und setzten uns an einen Tisch im Restaurant. Bier und Sandwich. Er sah die Nummer auf meinem Arm. Ich wollte, daß er sie sah, deswegen hatte ich meinen Ärmel etwas aufgekrempelt. Ich trage immer Hemden mit langen Ärmeln, auch im Sommer. Ich wollte ihn wissen lassen, daß auch ich Opfer eines Systems gewesen war. So wie er. Nur anders. Das würde ihm die Zunge lösen. Er sah die Nummer und wurde nachdenklich. Plötzlich sagte er:

»14–18.73. Das ist eigenartig: Mein Alter auf Ihrem Arm. Ich bin am fünfzehnten geboren. Sie sind der erste von dort, dessen Nummer ich sehe. Können Sie mir etwas darüber erzählen?«
Bisher hatte man mich nie gefragt, und ich hatte nie darüber sprechen wollen. Jetzt wollte ich. Dieser zerquälte hilfsbedürftige Junge, der mit seinem Knüppel vom Ende der Welt kam, hatte es mir angetan. Ein seltsamer Gedanke ging mir durch den Kopf: Wenn ich damals, vor fünfundvierzig Jahren, in seinem Alter, dort jemand getroffen hätte, einen alten und reifen Menschen, so wie ich jetzt, hätte mir das geholfen? Wäre es von Bedeutung gewesen?
Ich sagte zu dem Jungen: »Es ist schwer, so darüber zu sprechen. Aber frag, was dir in den Sinn kommt. Du verdienst eine ernste und aufrichtige Antwort.«
»Ich? Warum ich?«
»Weil wir beide vom Ende der Welt zurückgekommen sind.«
Er dachte nicht lange nach: »Haß« rief er aus, »Haß! Wurden Sie gehaßt? Ich meine: Sie ganz persönlich? Hat man Sie gehaßt, weil Sie denen was getan hatten? Oder war es ein ganz allgemeiner, gegen alle Juden gerichteter Haß? Vielleicht war es einfach Sadismus, der sie angetrieben hat? Sie müssen mir das sagen!«
Ungeduld lag in seinen Worten. Diese Frage mußte ihn sehr beschäftigt haben. Knüppel und Haß. Und Sex im Zusammenhang damit.

Ich erzählte ihm von dem Nazi, der mich kaputt geschlagen hatte, von der monotonen Art seiner Schläge. »Du verdammter Jude« hatte er geschrien, danach war er still. Ich hörte nur noch sein tierisches Schnaufen. Der Stock zerbrach. Unter seinen Schuhsohlen waren Nägel … Ganz plötzlich hörte er auf. Ich sah ihn noch vor dem Baum stehen und pissen, dann verlor ich das Bewußtsein. Ich wachte erst im Lager auf, wo man mir die Registrier-Nummer eintätowierte. Nein, das war kein persönlicher Haß gewesen. Ich hatte nichts getan, hatte ihn nicht herausgefordert, hatte ihn nicht mit Steinen beworfen. Das war reine Brutalität. »Glaubst du, daß Hassen oder Nichthassen in so einem Fall eine Rolle spielt?«
Der Junge überraschte mich: »Wollen Sie wissen, was er tat, als Sie da bewußtlos auf dem Boden lagen? Der ging nicht nur zu dem Baum, um zu pissen, wie Sie so ahnungslos gesagt haben … er stand da an dem Baum und tat das, was man ihm verboten hatte, als er noch ein kleiner Junge war.«

Dann kam er auf meine Frage zurück: »Nicht für Sie als Opfer, sondern für ihn war die Frage des Hasses enorm wichtig. Er war ein Sadist, und er brauchte Sie nicht zu hassen, um Sie zu schlagen. Irgendein beliebiger Jude oder Zigeuner hätte denselben Zweck erfüllt. Er schlug Sie nicht, weil er Sie persönlich haßte, nicht weil Sie ihm etwas getan hatten, nicht weil sie Steine auf mich geworfen und damit meine Selbstachtung und Ehre vernichtet hatten, vor meinen Kameraden, vor meinen Offizieren, vor aller Welt! Das ist etwas ganz anderes.«
›Mich‹ hatte er gesagt anstatt ›ihn‹ und ›meinen‹. Ein Gedanke wühlte mich plötzlich auf: Dieser von seinem Gewissen gepeinigte Schläger von arabischen Jungen brauchte den Hass als Ausrede dafür, was er getan und erlebt hatte. Nur das Empfinden, aus tiefem, unbezwingbaren Hass gehandelt zu haben, konnte ihn von

Schuldgefühlen und Scham erlösen. Er hatte sich mit einem Nazi verglichen, ein Bekenntnis abgelegt und mich zu seinem Beichtvater gemacht. Eine Welle von Mitgefühl wallte in mir auf, die mich sehr traurig stimmte. Ich war stolz auf meine Intuition, die mich dazu gebracht hatte, ihm gerade das erzählt zu haben, was er hören mußte. Da wurde er mein kleiner Bruder, der Hilfe brauchte und Verständnis, kein Urteil.

Er sprach lange über das, was ihn so beschäftigte: Über den blinden Haß, der ihn erfüllte, wenn er mit dem Knüppel hinter Steine werfenden Intifada-Jungen herrennen mußte, die viel schneller laufen konnten als er und die erst gefangen wurden, wenn es drei oder vier israelischen Soldaten gelang, sie zu umzingeln. Es war ein ganz neuer Haß, den er nie gekannt hatte. Diese Intifada-Jungen hatten ihn so gedemütigt, daß er sich selbst haßte und daß er seine Wut nur dann an ihnen auslassen konnte, wenn er mit seinem Knüppel zuschlug, auch als das erschöpfte Opfer schon hilflos am Boden lag.
Dieser Haß, ich würde ihn ›Intifada-Haß‹ nennen, war ein ganz neuer Haß. Dies war der erste Krieg in Israel, wo Haß so eine große Rolle spielte. Nie, in keinem seiner vielen Kriege, hatte der israelische Soldat einen solchen Haß und eine solche dumpfe Wut empfunden.

Er schwieg einige Minuten und ich wußte, daß er noch nicht fertig war. Dann sagte er es, er sprach sehr leise, aber ich verstand, was er meinte: »Ich wollte, man hätte uns Atombomben gegeben, anstatt dieser verdammten Knüppel. Nein, ich bin kein brutaler Nazi! Ich habe diese Intifada-Jungen mit einer unbezwinglichen Wut gehaßt. Ich habe sie mehr gehaßt als je eine Jude von einem Nazi gehaßt worden war!«
Er wußte gar nicht, wie schrecklich das war, was er da gesagt hatte. Mein kleiner, ahnungsloser Bruder konnte gar nicht verstehen, wie furchtbar mich das getroffen hatte. Er, ein achtzehnjähriger jüdischer israelische Soldat, hatte sich mit einem Nazi verglichen! Ich preßte meine Hand auf seinen Mund und sagte: »So etwas darfst du nie wieder sagen. Nicht zu mir und auch nicht zu irgendeinem anderen Menschen. Versprich mir das. Die Nazis waren etwas Furchtbares. Nichts und niemand kann man mit ihnen vergleichen. Ich werde dir noch einiges darüber erzählen müssen.«
Er schien meine Erregung bemerkt zu haben und schwieg betroffen. Eine Frage war jedoch noch nicht beantwortet, eine Frage, die mich lange beschäftigt hatte. Ich sagte: »Jetzt bin ich an der Reihe. Darf ich dich etwas fragen?« Er nickte zustimmend.
»Was du da gesagt hast über den Nazi hinter dem Baum, hast du das erfunden? Gelesen? Beobachtet? Woher weißt du das?«
Mein kleiner Bruder, der unschuldige Schläger von arabischen Jungen, senkte seinen Kopf und starrte auf den Boden. Das machte es leichter für mich. Ich wollte nicht, daß er meine Tränen sah.

Eva Basnizki,
1997 in Bet Nakofa

EVA BASNIZKI

Eva Basnizki lebt mit ihrer Familie in Bet Nakofa, einem kleinen Vorort von Jerusalem. 1933 wurde sie als die Tochter einer jüdischen Mutter und eines christlichen Vaters im norddeutschen Jever geboren. Die Religion spielte keine fundamentale Rolle in der Familie: »Mein Vater war Lutheraner, er ging zwar nie in die Kirche, aber Weihnachten wurde zu Hause gefeiert. Auch meine Mutter war nicht orthodox. Ich selbst habe vom Judentum wenig mitbekommen.«

1940 wurde die Mutter von der Gestapo verhaftet. Nun begann für die siebenjährige Eva eine Zeit der Angst und des Versteckens. Der Vater brachte sie zunächst zu jüdischen Verwandten nach Hamburg. Mit Beginn der Deportationen aus Hamburg wurde sie in unregelmäßigen Abständen bei fremden Menschen versteckt. Schließlich brachte man sie auf einen Gutshof bei Quickborn. In der eigenen Familie war es zu gefährlich für sie geworden. Ihre Herkunft musste sie verleugnen.
»Es war für mich als siebenjähriges Kind wahnsinnig unverständlich, warum ich meine Identität verschweigen musste. Einmal sagte ich einem Mädchen vom Arbeitsdienst aus Trotz, dass meine Mutter Jüdin sei. Sie glaubte mir nicht. Da kam die Gutshoffrau zu mir, hat mir eine geklebt und mir eingebleut, dass ich das nie wieder sagen dürfe. Das hat gewirkt.
Ich musste dann auch in die Hitlerjugend, weil ich ja als Arierin galt. Mein Vater lebte damals in Jever. Er konnte als ›jüdisch Verseuchter‹ keine Wohnung mehr bekommen und hatte ein kleines Zimmer auf einem Kinoboden.«

Eva Basnizkis jüdische Verwandten wurden 1942 nach Auschwitz deportiert. Dem Vater gelang es, die Mutter aus dem Gefängnis zu holen und in Hamburg bis zum großen Feuersturm zu verstecken. Der Großangriff der Alliierten im Sommer 1943 zerstörte 60 Prozent der Stadt. Auf dem Gutshof in Quickborn wurden fast 500 Flüchtlinge aus Hamburg untergebracht.
»Ich wollte dort nicht mehr bleiben und mein Vater brachte mich zu meiner Mutter, die in Oldenburg bei einer älteren Frau ein Zimmer bekommen hatte. Meine Mutter hatte uns als Ausgebombte vorgestellt. Alle ihre Papiere seien verbrannt worden. Dann wollte es das Pech, dass eine Frau in der gleichen Straße wohnte, die meine Mutter als die Tochter des jüdischen Kaufmanns Schiff aus Wilhelmshaven erkannte. Sie sagte der Vermieterin, dass eine Jüdin bei ihr wohne. Also mussten wir wieder fort und versteckten uns bei meinem Vater auf dem Kinoboden in Jever. Wir wussten nicht, wie wir uns verhalten sollten. Um uns herum verschwanden die Juden.«
1944 wurde der Vater auf der Straße verhaftet und in ein Arbeitslager nach Holzminden gebracht. Die Mutter sollte Anfang 1945 nach Theresienstadt deportiert werden.
»Ein Mann in Jever erzählte uns eines Tages, dass im Osten die Juden umgebracht würden. Das Gerücht ginge um, dass man sie in den Zügen vergase. Meine Mutter sagte: ›Das macht ein Deutscher nicht.‹ Sie war davon überzeugt, dass die Deutschen so etwas niemals zulassen, geschweige denn selber tun würden. Schließlich war doch sogar ihr Bruder im Ersten Weltkrieg mit dem Eisernen Kreuz ausgezeichnet worden. Als man meiner Mutter befahl, sich für den Abtransport bereit zu machen, beschloss sie, nicht zu gehen. Meine Mutter hat sich die Pulsadern aufgeschnitten und wurde noch lebendig gefunden. Sie kam in die Nervenheilanstalt Wehnen bei Oldenburg und wurde dort durch den Chefarzt gerettet.
Als meine Mutter nach Theresienstadt sollte, nahm eine Frau, eine fromme Christin, mich auf. Sie sagte, dass sie nicht wisse, was man mit den Juden mache. Aber es sei mit Sicherheit etwas sehr Schlimmes. Sie verstand es als ihre christliche Pflicht, zu helfen.«

Der Vater blieb bis zum Beginn der so genannten Todesmärsche[2] im Holzmindener Arbeitslager. Auf dem Marsch in Richtung Buchenwald flüchtete er mit vier anderen Gefangenen. Anfang 1945 erreichte er mit letzter Kraft Jever. Noch kurz vor Kriegsende gelang es ihm, Evas Mutter aus der Anstalt zu befreien. »Er sicherte dem Gauleiter zu, dass er nach dem Krieg für ihn aussagen würde und bekam daraufhin den Entlassungsschein. Nach dem Krieg wollten sich viele bei meinen Eltern einschmeicheln und einen ›Persilschein‹ bekommen. Die meisten Leute hatten viel Dreck am Stecken. Jever war ein böses Nazinest.«

Nach dem Krieg wollte die Familie zu Verwandten nach Amerika auswandern. Eva erkrankte jedoch an Lungentuberkulose, so dass sie in Jever bleiben mussten. Nach ihrer Genesung ging Eva in die Schweiz, dann nach

England. Sie belegte Englischkurse und arbeitete in Krankenhäusern. In London traf sie auf israelische Studenten und freundete sich mit ihnen an. Ihr Interesse an dem neu gegründeten Staat wuchs, und 1955 reiste sie mit dem Schiff nach Israel.

»Ich kam nach meiner Ankunft in einen Kibbuz, der von Deutschen gegründet worden war und lernte meinen Mann am ersten Tag kennen. Wir mussten vier Stunden am Tag arbeiten und vier Stunden hebräisch lernen.«

Evas Mann, Georges Basnizki, kam 1948 nach Israel. Er und sein Bruder überlebten als Einzige der Familie den Holocaust. Seinem Vater, einem Arzt in Pirmasens, war 1938 die Arbeitserlaubnis entzogen worden. Die Familie zog nach Mannheim. Von hier aus wurden sie im Oktober 1940 in das Lager Gurs in Südfrankreich deportiert. Nach zwei Jahren unter schlimmsten Lagerverhältnissen wurden seine Eltern nach Auschwitz deportiert.

Georges und 49 weitere Kinder konnten von der französisch-jüdischen Kinderfürsorge-Organisation OSE gerettet werden. Sie befreiten die Kinder und versteckten sie in einem Waisenhaus der Quäker in der Hâute Garonne. Als ganz Frankreich von Deutschland besetzt wurde, versteckten sie die Kinder bei Bauern und schmuggelten einige von ihnen in die Schweiz. Drei Kinder wurden von der Gestapo gefasst und deportiert. Georges hatte Glück. In der Schweiz wurde er in einem Heim untergebracht und ging nach dem Krieg nach Italien. 1947 machte er sich als illegaler Einwanderer auf den Weg nach Israel und wurde von den Engländern interniert. Ein Jahr lang musste er erneut im Lager verbringen, diesmal in Zypern. 1948 kam er endlich nach Israel.

Eva und Georges Basnizki heirateten und bekamen einen Sohn. Sie arbeitete als Journalistin und schrieb unter anderem für die *Jerusalem Post* und die *Israel Nachrichten*. Zudem arbeitet sie als Übersetzerin. Ihre letzte Übersetzung in Zusammenarbeit mit ihrem Mann war das Buch »Die Mütze oder der Preis des Lebens« von Roman Frister.

oben
Die Klasse eines Hebräisch-Seminars in Jerusalem 1956 (Eva Basnizki in der Mitte rechts)

unten
Arbeitseinsatz in einem Negev-Kibbuz zur Zeit der arabischen Überfälle 1956 (Eva Basnizki als Vierte von links)

Seit rund 20 Jahren schreibt sie deutsche Gedichte. »In den siebziger Jahren fing ich an, Gedichte auf Englisch zu schreiben. Aber ich habe damit aufgehört, meine englischen Gedichte sind reine Sprachübungen gewesen, sie kommen nicht vom Herzen. Einige meiner Gedichte sind in das Hebräische übersetzt worden. Ich selbst schreibe nicht Hebräisch, dafür ist die Konkurrenz zu groß. Ich bin der Sprache nicht dementsprechend mächtig. Aber Deutsch ist und bleibt meine Muttersprache.«

In Bet Nakova 1957

Damals-Bäume

Birke
Sonnenschein in silbernem Geäst
Der Stamm seidenweich
Musterverziert
Windgebeugt
Stand sie am Wegrand
Und behütete unseren Gang

Trauerweide
Traurig
Die Finger im dunkeln
Teich versteckt
Sanft kreisend
Die Wasserrosen tanzen versonnen
Im Grün der Zweige
Duftet der Sommer

Silbertanne
Das silber-grüne Nadelkleid
Seitwärts gestreckt
Hundert kleine Händchen
Die Sonne und Regen erhaschen
Im Tannendicht
Geschlagen zur Weihnachtszeit
Geschmückt, verehrt
Und weggeworfen

Stachelbeere
Liebe kleine Stachelbeere,
wie sehr ich dich verehre.
Den Kuchen du mir schmücktest,
den Magen du mir drücktest.
Und doch hast du so gut geschmeckt,
Appetit hast du in mir geweckt.
Marmelade, Kompott und Saft,
nie warst du bei mir mangelhaft.
Nun kann ich nur noch von dir träumen
Und traurig meine Erinnerung säumen
Mit Stachelbeertorte und Sahneschaum.
Bekommen werde ich sie kaum.

Gedenke der ...

Übertragen uns
die schweigende Angst
geruhsam
unter der Wölbung
des Vergessens
sie schreit nur im Schlaf

vererbt uns
die tonlose Trauer
versteckt
in den Spalten
der dorrenden Felder

hervorgeholt nur
zu Anlässen
wenn der Kalender vorschreibt:
gedenke der ...

Mai 1991

Unter dem Trauerbogen

Ruhelos
fliehen Schatten
über gestürzte Mauern.
Blumen
decken schweigend
Steine zu,
die am Wegrand liegen
und Wunden bewachen.

Jerusalem Die Stimmen der Mauern

Stehe still
nur einen Augenblick
und lausche
den Stimmen
der Mauern
der ewigen Sehnsucht
nach einem Stück
Himmelreich

Die Zeiten
reichen sich
die Hände
in diesen Mauern
von Traum
zu Traum
über Sonnensteine
in das endlose All

Nun suche ich
verzweifelt
meine weggeworfenen
Gedanken
von einst
die ich bündeln will
und mir ein Haus aus den Fragmenten bauen
das mich schützen soll
vor dem Schrittrhythmus
meiner Zeit

Abend

Noch einmal mustern sich
Hügel und Tal
über den Heckenkronen
letzte Streiflichter
betasten müdes Geäst
träge rollt der Nebel
seine Träume
aus sonnenwarmem Gestein
die Nacht legt sich
vor meine Tür.

Unvermeidlich

Festhalten
die Restbestände
der Nacht-Collagen
über Kaffeedunst
und geblättertem
Weltgeschehen.
Mein Spiegelbild
ist mir zu nah!

[ohne Titel]

Das Lichte
nicht dem Zufall
überlassen

Rückkehr

Die Fassade steht noch
Nichts-versprechend.
Auf den Mauerleisten
Liegt Wegestaub.

Ein Hauch von Missmut
Weht aus Fensterrahmen.
Kaum spürbar
In dem fremden Schweigen.

Das einst vertraute Knarren
Klingt mokant
Unter den Füßen
In dem gedankenleeren Raum.
Vergeblich suche ich
Den warmen Mahagoniglanz.

In meinem Spiegelbild
Ist kein Trost.

Verwirrt gehe ich
Durch den verwelkten Garten
Meines letzten Abschieds.
Dies ist nicht mehr mein Haus.

Gedanken

Ein heller Traum
unter Bäumen geträumt
bringt Flügel in meinen Tag

Annemarie Königsberger,
1997 in Jerusalem

ANNEMARIE KÖNIGSBERGER

»Wenn man ein Dichter ist, braucht man keinen Psychiater.« Annemarie Königsberger

Annemarie Königsberger wohnt in einer kleinen Einzimmerwohnung in Jerusalem. Ihre Wohnung ähnelt einer Gartenlaube. Zwei Kochplatten, ein Waschbecken, der Fernseher, ein Bett und eine abgetrennte Toilette für 650 Dollar, ein Beispiel für das teure Leben in Jerusalem. An den Wänden sieht man neben eigenen Ölgemälden ausgeschnittene Fotografien von Pferden und Hunden. Annemarie Königsberger hatte als Kind ein eigenes Pferd, aber das war 1932.
Sie wurde 1916 in Berlin geboren. Ihr Vater, Dr. Felix Königsberger, war Arzt und als Gründer eines diagnostischen Institutes in Berlin eine bekannte Persönlichkeit. Die Familie war sehr wohlhabend. Noch 1930 erwarb der Vater das Rittergut Bassdorf bei Templin in der Uckermark. In der Zeitschrift *Der Literat* beschreibt sie das Gut des Vaters:

»Hunderte von Morgen mit See und Wäldern, Kühen, Pferden, Schafen und Schweinen. Ein riesengroßer Hühnerhof. Manchmal verbrachten wir unsere Ferien dort. Und ich ... verbrachte meine Zeit im Pferdestall. Wie ich sie liebte, diese großen, sanften, seidigen Tiere mit den runden Augen und den weichen Nasen. Der Geruch des Pferdestalles dringt in meine Träume, und ich sehe mich auf meiner eigenen, schwarzen Regina durch die Wälder traben. Gab es ein größeres Glück? Zusammen über die moosbewachsenen Hügel, durch die Kiefernwälder und um den See herum durch den feuchten Sand – durch Wiesen, in denen der Fuß der Stute versank. Durch das große Schweigen der Natur mit dem Pferd durch das schöne Land, das so bald dem selbstzerstörerischen Wahnsinn geopfert wurde. TRÄUME. Kindheit – nichts bleibt stille stehen – aber ein freundlicher Geist hat das schöne Träumen geschenkt.«[3]

Dr. Felix Königsberger war – als Sozialdemokrat und Jude – schon früh auf der Verfolgungsliste der Nationalsozialisten. Er konnte noch rechtzeitig, am 1. April 1933, über die deutsche Grenze nach Frankreich fliehen. Bis auf Bargeld und Schmuck musste er seinen gesamten Besitz zurücklassen.
»Kurz nachdem mein Vater geflohen war, kam in der Nacht die Gestapo. Sie suchten ihn überall. Sie kamen auch in mein Zimmer und schnüffelten herum.«

Die Familie von Annemarie Königsberger in Berlin

Annemarie Königsberger musste 1934 die Schule verlassen und wechselte in die Schweiz, um dort ihren Abschluss zu machen. Hier lernte sie ihren zukünftigen Mann kennen, den sie 1936 in Zürich heiratete. Im Oktober bekam sie ihr erstes Kind mit dem Namen Irene. Ende des Jahres fuhr sie als Schweizer Bürgerin nach Berlin, um kleinere Wertgegenstände aus ihrem Besitz zu verkaufen. Dann kehrte sie nach Zürich zurück und blieb dort bis zu ihrer Abfahrt nach Nizza. In dem nicht besetzten Teil Frankreichs wohnte sie mit ihrer Schwester und Mutter bis 1943.
»Bei unserer Ankunft in Frankreich war noch alles in Ordnung. Dann schleppte man jedoch 1940 meine Mutter und meine Schwester für mehrere Monate in das Lager Gurs. Ich war hochschwanger und allein, das war keine sehr angenehme Zeit. Zum Glück wurden sie nach einiger Zeit aus dem Lager entlassen und waren zur Geburt meiner Tochter Virginia wieder da.«

Gurs war das erste große Internierungslager in Frankreich und lag 80 Kilometer von der spanischen Grenze entfernt. Es wurde im April 1939 errichtet. Die ersten Gefangenen waren republikanische Soldaten aus Spanien, die nach dem Sieg Francos nach Frankreich geflüchtet waren. 10 000 deutsche und österreichische Staatsbürger, darunter sehr viele jüdische Frauen und die Führer der französischen kommunistischen Partei, die unter Berufung auf den deutsch-sowjetischen Nichtangriffspakt den Krieg gegen Deutschland verurteilt hatten, wurden im Mai 1940 in Gurs interniert. Im Juli 1940 wurden viele Häftlinge entlasssen, unter ihnen wahrscheinlich auch die Schwester und die Mutter von Annemarie Königsberger. Im Oktober 1940 wurde die jüdische Bevölkerung aus Baden, der Pfalz und einigen Orten Württembergs nach Gurs deportiert.[4]
»Meine Schwester und meine Mutter haben sich nach ihrer Rückkehr aus Gurs versteckt und ich bin 1943, mit Hilfe meines Schweizer Passes, in die Schweiz zurückgekehrt. Der Umstand, dass ich Schweizerin war, hat

meinen Kindern und mir das Leben gerettet. Ich war in der Schweiz und habe dort gearbeitet und studiert. Ein halbes Jahr lang hörte ich nichts von meiner Schwester und meiner Mutter, die versteckt waren.«
Sie sah ihre Schwester und Mutter erst nach dem Krieg, 1946 in Nizza, wieder.

Was ist aus Ihrem Vater geworden?
»Mein Vater war nur für eine kurze Zeit bei uns in Nizza. In Paris wurde er verraten. Er hatte einen so genannten Freund, dem er einen Ring anvertraut hatte. Es war das letzte Stück, das ihm geblieben war. Dieser so genannte Freund hat ihn dann an die Gestapo verraten. Man deportierte ihn nach Kaufering. Von einem Mithäftling habe ich erfahren, dass er dort noch als Arzt gearbeitet hat und dann an Flecktyphus erkrankte. Kaufering war kein Vernichtungslager. Er ist krank geworden und verstorben.«

Annemarie Königsberger mit ihren Kindern in New York

Kaufering war die Bezeichnung für eines der 15 Außenlager des Konzentrationslagers Dachau, rund um das Dorf Kaufering gelegen. Die Nebenlager wurden 1944 errichtet. Die Gefangenen mussten Bunker für die Flugzeugproduktion bauen. Im Dezember 1944 brach eine Typhusepidemie im Lager IV von Kaufering aus. Das Lager wurde unter Quarantäne gestellt und zum Krankenrevier für die Kauferinglager umfunktioniert. Hier starb wahrscheinlich der Vater von Annemarie Königsberger.
Viele der ca. 28 000 Gefangenen von Kaufering starben an Unterernährung, an den Misshandlungen und der unsäglich schweren Arbeit für die Rüstungsindustrie und die Baufirmen.[5] Bis auf ihre Mutter, die Schwester und einen Cousin überlebte keiner der Familienangehörigen von Annemarie Königsberger den Holocaust.

Zurückgekehrt in die Schweiz lernte Annemarie Königsberger von 1944 bis 1947 den Beruf der Krankenschwester. 1947 zog sie mit ihrer Schwester, deren Sohn, der Mutter und ihren zwei Kindern nach Amerika. 22 Jahre lang lebte sie dort, zuerst in New York, dann in New Jersey. Die ersten zehn Jahre in New York arbeitete sie als Krankenschwester.
»Die erste Zeit war es sehr schön in New York und wir dachten nicht daran, wegzuziehen. Dann aber wurde es immer gefährlicher, ständig gab es Überfälle. Ich arbeitete oft bis in die Nacht, dann aber konnte man sich kaum noch auf die Straße trauen. Meine Tochter wollte unbedingt fortziehen, sie wollte Amerika verlassen. An Israel hatte ich nie gedacht. Das erste Mal war ich 1966 in Israel, als Touristin. Ich hatte meiner Tochter und meiner Enkelin die Reise geschenkt. Es hat uns so gut gefallen, dass wir beschlossen, hierhin zu ziehen. 1968 sind wir dann alle hierher gezogen. In Israel angekommen, mussten wir einen halbjährigen Sprachkurs (Ulpan) besuchen. Danach zog ich nach Jerusalem, um in Talbieh, einer

Nervenheilanstalt, als Krankenschwester zu arbeiten. Im Laufe der Jahre arbeitete ich in mehreren Krankenhäusern, zum Schluss im French Hospital, wo die Krebskranken betreut werden. Mit 62 Jahren wurde ich ohne Pensionsanspruch entlassen. Ich hatte für eine Pension nicht lange genug gearbeitet. Aus Amerika bekomme ich noch eine kleine Versicherungssumme ausgezahlt, und ich erhalte eine israelische Sozialversicherung, das sind ungefähr 450 bis 700 Dollar. Ich hatte große Probleme bei meiner Einreise, weil ich mich 1961 in Amerika katholisch taufen ließ. Bei meinem Einreiseantrag nach Israel trug ich als Konfession katholisch ein. Da man aber gemäß dem Rückkehrergesetz nur als Jude nach Israel einwandern darf, bekam ich keine Wohnung. Aber nicht nur ich, sondern auch meine Tochter hatte darunter zu leiden. Man schleppte sie vor das Rabbinatsgericht, wo sie beweisen musste, dass sie noch Jüdin war. Auf meiner Identitätskarte stand erst Nichtjüdin, jetzt steht deutsch drauf. Ich bin also laut israelischem Gesetz deutscher Identität.

Sprachkurs, Jerusalem 1967. Annemarie Königsberger unter dem Pfeil

Haben Sie sich nie als Jüdin verstanden?
Als Kind schon. Aber wir sind nicht religiös erzogen worden. Als junges Mädchen war ich in Rom. Rom hat damals einen großen Eindruck auf mich gemacht. Da hab ich schon daran gedacht, mich taufen zu lassen, aber natürlich nicht unter den Nazis. Ich habe an Christus geglaubt. Mittlerweile übe ich Kritik am Judentum und am Katholizismus. Ich bin jetzt Spiritualistin. Ich glaube nicht an eine institutionelle Organisation. Gott ist einfach das Leben, daher glaube ich auch an die Wiedergeburt. Ich weiß, dass unsere Seelen weiterleben, wir kommen wieder, wir müssen lernen, was wir falsch gemacht haben. Die Welt ändert sich sehr langsam, aber sie ändert sich. Ich bin oft pessimistisch, aber man darf ja nicht pessimistisch sein. Jeder Gedanke hat einen Einfluss. Die ganze Welt besteht ja nur aus den Gedanken. Was wir denken, das machen wir. Deswegen ist es gefährlich, wenn man pessimistisch ist.«

Wie ist Ihr Verhältnis zu Israel?
»Als ich nach Israel kam, vertrat ich einen sehr rechtszionistischen Standpunkt und war der Auffassung, dass die Araber uns angegriffen hatten und keinen Frieden wollten. Meine Meinung änderte sich nach dem Sechs-Tage-Krieg: Das Land, das wir erobert hatten, einzustecken, das war nicht richtig. Langsam bin ich wach geworden. So langsam wie ich von einer Christin zur Spiritualistin geworden bin, so langsam bin ich von der rechten Zionistin zur Linken geworden. Es ist so schlimm, was hier

passiert. Es gab eine Hoffnung auf Frieden. Die Fundamentalisten auf beiden Seiten sind die Schlimmen. Wenn ich könnte, würde ich weggehen. Vielleicht nach Schottland zu meiner Tochter oder nach Malta oder Irland … Aber ich kann es mir finanziell nicht leisten.«

Wie ist Ihre Beziehung zu Deutschland?
»Hauptsächlich ist sie durch meine Entschädigungsforderungen geprägt. Ich kämpfe seit acht Jahren darum, dass ich den Wert des Gutes bezahlt bekomme. In Deutschland war ich einige Male, als meine Tochter noch in Köln arbeitete, bevor sie nach Schottland ging. Seitdem war ich nicht mehr in Deutschland. Und dennoch habe ich eine Beziehung zu Deutschland. Ich schaue mir im Fernsehen nur deutsche Programme an, ich habe deutsche Freunde im Lyris-Kreis und eine gute Freundin in Deutschland. Mit Rolf Radlauer gehörte ich damals dem gleichen Berliner Jugendkreis an, ohne dass wir uns je kennen gelernt hatten.«

Dies geschah erst in Jerusalem, vor 30 Jahren, als sie sich bei einem Treffen des englischen Dichterkreis Voices Israel begegneten. Der Beschluss, einen deutschsprachigen Dichterkreis zu gründen, wurde u. a. von Annemarie Königsberger 1984 gefasst. Zunächst traf man sich in ihrer damaligen Wohnung, bis sie Eva Avi-Yonah kennen lernte.

»Ich lernte sie in der englischen Gruppe kennen. Sie las ein deutsches Gedicht vor, und ich übersetzte es. Ich habe sie zu unserem deutschen Treffen eingeladen. Seitdem macht sie alles, kümmert sich, organisiert, sie treibt an und die Treffen finden in ihrer Wohnung statt.«

Würden Sie ein Land als Ihre Heimat bezeichnen?
»Israel bedeutet mir schon etwas. Das Land gefällt mir, wenn auch die Menschen mir oft zu unhöflich sind. Aber Heimat, wissen Sie, was meine Heimat ist? Die Brandenburger Sandbüchse, zwischen Frankfurt an der Oder und Berlin; bei Bad Saarow ist ein großer See, der Scharmützelsee, da hab ich meine Kindheit verbracht: Das ist meine Heimat.«

Möchten Sie nicht mal wieder nach Deutschland?
»Ja schon, aber man wird dann enttäuscht werden. Der Kurfürstendamm sieht ja heute auch ganz anders aus. Ich bin im Schatten der Kaiser-Wilhelm-Gedächtniskirche geboren.«

Wie sind Sie dazu gekommen, Gedichte zu schreiben?
»Aufgewachsen bin ich mit Rilke und George, von ihnen wurde ich in meinem Denken und Schreiben beeinflusst. Ich weiß nicht, warum ich dichte – schon mit neun Jahren habe ich Gedichte geschrieben. In meinen Gedichten spiegelt sich alles wieder; sie sind meine Ausdrucksweise. Wenn man ein Dichter ist, braucht man keinen Psychiater.

Ich habe immer geschrieben. Bis ich nach Amerika ging, schrieb ich immer auf Deutsch, dann auf Englisch, in Israel wieder Deutsch und Englisch. In Amerika habe ich lange Zeit kein Deutsch gesprochen. Meine Mutter sprach am Anfang in Amerika mit uns Kindern noch Deutsch. Mit der Zeit haben wir die deutsche Sprache verloren und ihr auf Englisch geantwortet. In Israel kam dann die deutsche Sprache wieder zurück zu mir. Hebräisch verstehe ich oft nicht und spreche es immer schlechter. Die deutsche Sprache ist mir auch am nächsten, weil ich so viel deutsches Fernsehen schaue und neue Worte lerne, die man damals nie in den Mund genommen hätte. Zum Beispiel ›Das ist aber geil‹. Dieses Wort war verpönt! Das Wort gab es, aber es war ein Tabuwort. Und dann gibt es natürlich den Lyris-Kreis für mich. Die Existenz des Lyris-Kreises ist für mich sehr wichtig. Der Kreis ist ja eigentlich ›my baby‹ und ich bin gerne dort.«

Berlin wieder besucht (in Filmen)

Berlin, deine alten und neuen Straßen
kenne ich nicht mehr.
Aber dort – hinter Wänden und Toren
ist meine Kindheit versteckt.

Aus grauen und regendurchtränkten
Mauern wagen
sich Fetzen des Erinnerns hervor.

Aus Ritzen
kiebitzen
Augenblicke meiner jungen Launen
wie Blitze
Erwartung und Abenteuer:
Bei staubigen Pulten lauern
die alten Pauker, die Armen,
mit ihren schlechten Witzen,
die Bändiger von Horden wilder Mädchen,
blonde und dunkelzöpfige,
wir: Banditen voll Bosheit und Übermut.

Dann, wie eine leichte Übelkeit,
ein Heimweh:
Die Jungs von nebenan – unschuldiges
Geschmuse, kindischer Spaß
hinter Fenstern aus buntem Glas.

Wie grün waren wir,
grün wie der efeubedeckte Zaun
um den Tiergartenpark.

... und heute starre ich
in tote Scheiben
hinter denen einst – ?
mein Leben begann.

Schuld

Ich war ja gar nicht da.

Nicht wirklich
als sie nackend
in den Tod gestoßen
und ihre letzte Würde
ihr Mensch-Sein war.

Ich war ja gar nicht da,
nicht wirklich.
Ich hab mich ja nie
vor dem Tode schämen müssen.

Ich war ja gar nicht da.
… Ich habe den Rauch der Öfen
nicht gerochen.
Ich habe
der Kinder Schreien
nie vernommen –
ich bin ja glücklich
davongekommen.
Mit Flucht und Hunger
und täglicher Gefahr,
aber
ich war ja gar nicht da, nicht wirklich.

Bild (Aus einem anderen Leben)

Ich – auf einem schwarzen Pferde
das ungeduldig schon
den Boden stampft.
Du – in schwarzem Gewand
unter dem korinthischen Gewölbe.
Durch die Säulen weht
Nyssas sanfter Wind.
Oh, Geliebter,
du reichst mir deine Hand
zum Abschied,
zum Nie-mehr-wieder-
Nie-mehr-wieder-sehen …

in dieser Erdenzeit.

Der dunkelblaue Himmel

hängt
schwer
über dem Fluß.
Unbekümmert
drängt
sich fröhliches Volk
an unsrer Traurigkeit vorbei …

Nachbarin

Wie sahst du aus
als du jung warst?
War der verbissene Mund
weich und rund?
Schauten die verkniffenen Augen
blau oder grau
einmal in Unschuld auf die Welt?
Und die Stimme, die Hexenstimme
hat sie jemals ein Herz betört?
Hat dich Enttäuschung so verändert
oder war deine Seele
von Anbeginn verdorrt
wie heute deine alternde Haut?
Hast du je mit Liebe
auf andere Wesen geschaut?
Fast tust du mir leid,
denn der Stein,
den du auf mich geschleudert,
ist zu dir zurückgekehrt …

An den Mond

Nun, endlich kommst du in mein Zimmer,
du alter, grauer, treuloser Freund.
Bist fahl und nicht ganz voll, wie immer
und lachst aus deinem Schädelgesicht.

Aber um dich herum tanzt die Nachtluft Ringe.
Wo warst du so lange?
Aus meiner neuen Ecke auf Erden
erforschte ich Breite und Länge des Himmels
mit meinen müden Augen.
Jede Nacht habe ich sehnsuchtsvoll erhofft
deinen alten und grinsenden Kopf zu sehn,
jede Nacht schlief ich müde vom Suchen.

Du warst mir entrückt.
Nun, muß ich gestehen
freue ich mich, dich zu erblicken,
und ich verspreche eines Tages
in unabsehbarer Zukunftszeit
wirst du es sein, der mich hier
nicht findet, denn ich bin auf dem Weg zu dir.

Für Selma Meerbaum-Eisinger

Kleine Geistesschwester
nur
der Geheimnisvolle
weiss warum Du gelitten
warum Du die junge Braut des Todes wurdest
während ich ihm entging.

Aber
Deine Stimme singt
über Gräbern
über Öfen, über Rauch und über Weh.

Deine Stimme
stirbt
nie
und
nie.

[Ohne Titel]

Ein Kind
schmeißt
einen Stein,

im Wasser
zieht er Kreise.

Ein Kind
schmeißt einen Stein.
Um Haar und Schläfe
zieht er rote Kreise.

Vom Lauf löst sich ein Schuß.

In roten Kreisen
fällt ein Kind,
den Stein
noch in der Hand.

Yvonne Livay,
2001 in Jerusalem

YVONNE LIVAY

Yvonne Livay gehört seit Mai 2000 dem Lyris-Kreis an. Sie wurde 1942 in Zürich geboren.

»Meine Eltern stammen ursprünglich aus Polen. Beide wurden dort geboren. Die Familie meines Vaters wohnt jedoch seit 1910 in der Schweiz. Meine Mutter besuchte 1938 eine in Basel wohnhafte Tante und entkam so dem Schicksal ihrer gesamten Familie, die im Holocaust ermordet wurde. Meine Jugend und die meiner Schwester standen sehr unter dem Schatten der Schuldgefühle meiner Mutter, die es bis heute nicht verkraftet hat, als Einzige der Familie den Krieg überlebt zu haben.
Ich wuchs in Zürich auf, heiratete 1963 einen israelischen Psychologiestudenten und begann mein Gesangstudium erst, als mein Mann sein Studium beendet hatte. Ich studierte an den Musikakademien Bern, Basel und Jerusalem und unterrichte seit 1971 Gesang. Wir haben drei Kinder, zwei unserer Söhne kamen in Bern zur Welt, der jüngste in Jerusalem, wo wir seit 1971, mit einer Unterbrechung von fünf Jahren wohnen.«

1982 bis 1985 besuchte Yvonne Livay das Institut für Heilpädagogik in Jerusalem und studierte dort Musiktherapie. Heute lebt sie als freischaffende Malerin, Bildhauerin und Dichterin in Jerusalem.

»Mit der Malerei begann ich erst mit 50 Jahren und hatte das Glück, bei ausgezeichneten Künstlern zu studieren. Das Zusammentreffen mit der Kunst und ihren Ausdrucksformen hilft mir, sehr viel Verdrängtes und Unverarbeitetes im Zusammenhang mit dem Holocaust zu berühren und neue Lebenswege zu gehen.«
1992 bis 1995 studierte Yvonne Livay Zeichnen bei Joseph Hirsch in Jerusalem, 1993 bis 1995 Malen bei Jan Rauchwerger in Tel Aviv und 1995 bis 1998 Bildhauerei bei Zwika Lachmann in Tel Aviv. Seit Januar 2000 wurde sie durch zahlreiche Einzelausstellungen in Jerusalem bekannt.

ohne Titel

ohne Titel

oben
Am Anfang
unten
Grenze

Töne

Töne
in
unbekanntem
Blau

Töne
gelbgrün
wie
von einem
andern
Planeten

schwer
wie
grober Sand
in
fremden Farben

Sie hallen
in
Fensterscheiben
und
harren
zwischen
Tellern

Sie lauern
unter
Zeitungsblättern,
rieseln
ins Wasser
aus dem
Nirgendwo,
füllen
den Raum
wie ein
ungestimmtes
Orchester

Ich
halte mir
die Ohren
zu

Novemberlicht

Novemberlicht
auf
spröder
Haut

Abgebrochene
Flaschenhälse
müde
zwischen dürren
Ästen

Schritte
auf
dürren Blättern
die
schwach
an
einst gelebte
Herbste
erinnern

Irreführender
Wind
der
den Winter
noch fernhält

Sekundenbögen

Stunden
prallen aufeinander
in
Lichtschnelle –
Zeitinseln
zerkrümeln
In Nichts

Alles
ist da
und
noch nicht

Wo
war doch
das Wort

Ich suche
verwirre
meine Sekundenbögen
in
Fischnetzen

Fange mich
selber
ein

Jesuitenkirche Wien – 11.11.01

Lichtfluten
über
Barockgold
und Blutmarmor

Lichtpfeile
voller Staub
und
Kirchenkälte
legen sich
auf
Haartrachten
und
Pelzkragen

Kniebeugen
auf
abgewetzten Holzbänken
in Weihrauch
getaucht

Kyrie eleison
zerweint
lackiert

Ein Lichtermeer
von
überall
plötzlich
unerwartete
Worte
ohne Gebet
am Rande
der Aufrichtigkeit

Dort sah ich
unser
Heute

Wintermärchen

Buschiger
Katzenschwanz
dickbraun
huscht
blitzschnell
brüchig
dürren
Blattteilen
nach

Ockerfarbene
Erdwälle
wie
Kulissen

Betonrohre
die
in der
Sonne
Wärme
tanken

Gelbe
Stahlhelme
zwischen
lehmnassen
Steinhaufen
und
wurzeltiefen
Gruben
Baumharztränen
trocknen
starr
im
Winterlicht

Rolf Radlauer,
1997 in Jerusalem

ROLF RADLAUER

»Radlauer ist eine ganz besondere Gestalt. Bei ihm gibt es phantastische Stimmungsgedichte, bei ihm wird alles Musik, auch wenn es ein ganz einfaches Gedicht ist.« Manfred Winkler

Seit 1959 wohnt Rolf Radlauer in einem Haus des Irgun Olej Merkas Europa (IOME)[6] in Jerusalem. Gebaut für die deutschsprachigen Neueinwanderer, ist es mittlerweile ein Altenheim für viele Jeckes geworden.
Rolf Radlauer wurde 1913 in Berlin geboren. Er wuchs in einem großbürgerlichen Elternhaus auf. Seine Mutter besaß als Tochter eines Amerikaners die amerikanische Staatsangehörigkeit und war eine begeisterte Zionistin; sie setzte es in der Familie trotz heftiger Widerstände durch, dass Rolf und sein drei Jahre älterer Bruder Hebräischunterricht erhielten. Der Vater dagegen war ein Gegner der zionistischen Ideologie. Er konnte mit den Vorstellungen seiner Frau, die bereits Mitte der zwanziger Jahre mit der Familie nach Palästina ziehen wollte, nichts anfangen.
»Sie war das schwarze Schaf in der Familie. Sie stand völlig allein mit ihrer Idee, nach Palästina auszuwandern. Das Judentum hatte keine große Bedeutung in unserer Familie. Meine Mutter war religiös, aber mein Vater war es nur zu den Feiertagen.«
Mit der Machtübernahme 1933 änderte sich die Situation für die Familie Radlauer schlagartig. Rolfs Bruder, der Chemie an der Berliner Universität studierte und kurz vor seinen Prüfungen stand, musste wie alle jüdischen Kommilitonen die Universität verlassen. Und auch Rolf Radlauer, der nach dem Besuch des Werner-von-Siemens Realgymnasiums im großen Berliner Warenhaus Tietz unterkam, spürte die Feindseligkeit nur wenig später:
»Ich war bei Hermann Tietz angestellt, wo viele jüdische Angestellte arbeiteten. Als wir am ersten April, dem Boykott der jüdischen Geschäfte,

auf den Hof kamen, standen dort die ganzen nichtjüdischen Angestellten und riefen: ›Juden raus – Juden raus‹. Überall gab es Spitzel. Die Hauswarte wussten alles über die Leute im Haus, wer kommt, wer geht, es war sehr unangenehm.«

Unterstützt von der Mutter bereiteten sich Rolf Radlauer und sein Bruder mit Hilfe der Hechaluz[7] auf die Auswanderung nach Palästina vor. Die Hechaluz war eine Organisation, in der junge Juden für ein Leben als Arbeiter in Palästina vorbereitet und ausgebildet wurden; 1921 wurde der Weltverband, 1923 der deutsche Landesverband gegründet. Die Einreise mit dieser Organisation verpflichtete die Mitglieder, ein Jahr im Kibbuz oder auf dem Land zu arbeiten.

»Dann warteten wir auf das Einwanderungszertifikat. Es hieß, dass mein Jahrgang gefährdeter sei als der meines Bruders. Daher bekam ich vor ihm meine Einwanderungserlaubnis. Man machte mir jedoch noch große Schwierigkeiten, denn plötzlich wollte man mich gar nicht mehr. Ich wurde für Palästina zurückgestellt, mit der Begründung, dass ich zu empfindliche Augen hätte. Man fragte mich, was ich in einem Land mit so viel Licht und der sehr starken Sonne machen wollte. Schließlich reiste die Gruppe ohne mich nach Palästina, und ich musste eine Augenuntersuchung durchführen lassen. Es durfte nicht jeder nach Palästina. Man musste körperlich und geistig fit sein. Unser gesundheitlicher Zustand wurde untersucht und unsere zionistische Gesinnung geprüft. Man musste eine Prüfung ablegen über zionistische Geschichte und hebräische Grundkenntnisse vorweisen. Die Hechaluz hat dann diejenigen ausgewählt, die nach Palästina durften.
Am Tag meiner Abreise herrschte betrübliche Stimmung. Meine Mutter ging mit mir auf einem Jahrmarkt spazieren. Wir fuhren Karussell, warfen nach Puppen und eine Wahrsagerin sagte mir, wieviel Haare ich auf dem Kopf hatte. Dann gab es Abendbrot und ich ging mit meinem Koffer weg. Das war eine gute Form des Abschieds. Ich war seitdem nie wieder in Berlin. Ich könnte mich einladen lassen, aber ich will nicht, lieber nicht.«

Die Eltern von Rolf Radlauer blieben zunächst in Berlin. Besonders für den Vater war es sehr schwer, die neue Situation zu begreifen. Als die Deportationen begannen, war ein großer Teil der Familie väterlicherseits unter den ersten Opfern.

»Mein Vater bekam einen Herzanfall und ist gestorben, genau zu einem Zeitpunkt, als es sehr kritisch für sie wurde und ein Teil der Verwandten schon deportiert worden war. Wenn mein Vater nicht verstorben wäre, wäre meine Mutter auch deportiert worden. So aber schützte sie ihre amerikanische Staatsangehörigkeit. Als Amerikanerin konnte sie sich gegen Deutsche in Amerika austauschen lassen. Da Mutter aber wegen ihrer alten Mutter in Deutschland bleiben wollte, war sie natürlich den Kontrollen und jüdischen Restriktionen ausgeliefert. Ihre Mutter war über 80 Jahre alt, und sie konnte sie nicht alleine in Berlin zurücklassen. Dann bekam meine

Mutter die Warnung, wenn sie nicht bis zu einem bestimmten Datum Berlin verließe, würden auch die Amerikaner keine Verantwortung für ihr Schicksal übernehmen können. Da ist – von heute aus gesehen – glücklicherweise die Großmutter gestorben, und meine Mutter konnte mit dem letzten Schiff vor Kriegsbeginn Deutschland gen Amerika verlassen. Ich war zu dieser Zeit schon in Palästina. Ich habe eineinhalb Jahre nichts von meinen Eltern gehört. Viele Jahre später habe ich meine Mutter einmal in Amerika besucht. Aber ich wollte nie dort leben. Ich habe mich in Israel gleich wohl gefühlt.«

Rolf Radlauer in Galiläa

Ende 1935 reiste Rolf Radlauer mit Hilfe der Hechaluz nach Palästina. Er lebte im Kibbuz Dagania, der am Tiberiassee von russischen Einwanderern gegründet worden war. 1935 war die Gegend im Norden des Landes noch Sumpfgebiet. Das heiße, schwüle Klima und die weit verbreitete Malaria machten das Leben dort sehr schwierig. Zum Austrocknen der Sümpfe pflanzte man Eukalyptusbäume. Das Kibbuzleben war sehr spartanisch, und es gab wenig zu essen.
Rolf Radlauers Bruder verkraftete die harte Umgewöhnung nicht. Er kam wenige Wochen nach ihm ins Land und erkrankte schwer. Nach vier Wochen Aufenthalt in Palästina starb er an Gelbsucht. Auch Rolf Radlauer wurde nicht von Krankheit verschont. Durch Unterernährung sehr geschwächt, erkrankte er an Tuberkulose.
»Dann war es aus mit meiner Kibbuzkarriere. Der Kibbuz hatte einen besonderen Fonds für Krankheitsfälle der Einwanderer während des ersten Jahres. Aus diesem Fonds wurde mir eine Kur bezahlt. Vier Monate verbrachte ich in einem kleinen Krankenhaus für Tb-Kranke im Negev. Das trockene Wüstenklima dort war sehr gut für mich. Da man aber nicht länger für mich zahlen konnte, kam ich für weitere zwei Monate in ein einfaches Krankenhaus nach Jerusalem. Mit meiner Verlegung wusste ich, dass ich überleben würde.«

Nach seiner Entlassung aus dem Krankenhaus kam er bei einer Bekannten der früheren Berliner Nachbarn unter, bei der er drei Jahre wohnte.
»Ich kannte die Dame nicht und doch nahm sie mich bei sich auf, ohne dass ich fragen musste. Sie war Gymnastiklehrerin und hat mir mein Leben gerettet. Bei der Arbeitssuche half mir die Organisation für mitteleuropäische Einwanderer Irgun Merkas Europa. Ich lernte ein bisschen Englisch, ein bisschen Stenografie und begann, in einem Anwaltsbüro zu arbeiten.«

Rolf Radlauer heiratete und bekam eine Tochter. Er arbeitete in mehreren Anwaltskanzleien, zuletzt in einem Büro des Handelsministeriums. 1973 brach das Tuberkuloseleiden wieder aus, und er musste erneut für ein halbes Jahr in ein Sanatorium. Nachdem er genesen war, wurde Rolf Radlauer frühpensioniert und fing an, Gymnastikunterricht zu geben. Dies macht er bis heute mit großer Begeisterung. Seit der Pensionierung hat er auch mehr Zeit für das Schreiben gefunden. Aber Gedichte schrieb er schon als Kind.

Rolf Radlauer beim Gymnastikunterricht

»Ich habe schon immer geschrieben und bei Familienfesten trug ich meine Gedichte vor. Ich war als Kind ein großer Theaterfreund und habe eine eigene Operette geschrieben. Meinem Lehrer hat mein Opus aber nicht gefallen. Er wollte meine Eltern nach der Lektüre sehen und dann war es erst einmal aus mit der Theaterfreude. Mein Bruder hat immer gesagt, ich gehöre ins 17. Jahrhundert. Meine Art, in Reimen zu schreiben, hat sich mit der Zeit entwickelt und verstärkte sich durch meine Gymnastikarbeit.
Die runden Bewegungen, die Harmonie, das Ausgeglichene, da kommt der Reim von allein. Es ist Musik, es kommt von innen. Mein Lehrer war Gerson Stern, der 1933 nach Jerusalem kam. Er hat mein deutsches Sprachgefühl weiterentwickelt und meine Gedichte mit mir zusammen bearbeitet.
Mir liegen keine harten politischen Themen und ich bin auch nicht politisch aktiv. Im Gegenteil: Ich versuche mich von der Politik fernzuhalten. Es ist eine Charaktersache. Natürlich wird man trotzdem mit der aktuellen Politik konfrontiert. Aber ich halte mich aus einer Art Selbstschutz heraus: Ich will nicht erdrückt werden.«

Seine Gedichte schreibt Rolf Radlauer auf Deutsch und Englisch. Zu der hebräischen Sprache hat er nicht dieselbe Beziehung aufbauen können.
»Ich habe versucht auf Hebräisch zu schreiben, bin aber leider gescheitert. Wissen Sie, Deutsch ist und bleibt meine Muttersprache, ich spreche auch mit meiner Tochter Deutsch. Meine Freunde sind fast alle aus dem deutschsprachigem Kulturkreis, und alle sind so um die achtzig. Man kommt sich hier so auf dem verlorenen Posten vor.«

Rolf Radlauer ist 2001 in Jerusalem verstorben.

Ehrgeiz

Leute mit Ehrgeiz sind ständig im Druck,
Rackern sich ab, haben niemals genug.
Sie sind so gräßlich pflichtbeflissen,
Es drängt sich ein ewig schlechtes Gewissen,
Das treibt sie, immer noch mehr zu erreichen
Im besten Sinn – und im schlechten desgleichen!
Ewig gepeinigt vom eisernen Muß
Bleibt weder Muße noch Rast noch Genuß;
Kein heitres Entspannen ist ihnen beschieden,
sind niemals mit sich selber zufrieden,
Ach sie reiben sich auf mit Hasten und Streben
Einem nimmer erreichbaren Ziel nur zu leben …

Da ist doch ein Segen, daß ich immerhin
So herrlich frei von Ehrgeiz bin!

Hochgefühl

Niemals liebte ich das Leben
Tiefer als es heut sich zeigt,
so dem Augenblick ergeben,
so dem Lichte zugeneigt –
Freudig nehm ich als Beschenken
Jede gute Stunde hin –
– Ach, es ist so schön zu denken
Dass ich noch auf Erden bin!

Müdesein

Wie gut, den Schlaf zu fühlen,
Sich fügen in die Rast;
Wie gut, die Stirn zu kühlen
Nach Alltagstun und Hast,

So fern und sanft entgleiten,
Sich betten in die Nacht –
Die Seele will sich weiten
Zum Flug, zum Traum erwacht …

In jenen tiefen Stunden
Ruht aus das Herz vom Tag
So daß es still gesunden
Und sich verjüngen mag.

INSBETTKRIECHWETTER!

Nnnnein!! Ich weigere mich entschieden
Aufzustehn bei diesem Wetter!
Heut wird jedes Tun gemieden!
Faul zu sein ist soooviel netter!

Nichts könnt mich zum Ausgehn locken
(Hätt zwar manches zu besorgen!)
Doch im Bett ists warm und trocken …
Mein Programm hat Zeit bis morgen.

Auch zuhaus gabs tausend Pflichten,
Aufzuräumen lesen schreiben –
Möcht auf alles glatt verzichten
Und getrost im Bettchen bleiben!

Lass es stürmen, lass es gießen;
Weltvergessen lasst mich schlafen
Und den Regentag genießen – !

Gott wird mich fürs Faulsein strafen!

[Ohne Titel]

Gewalt! Ein Dichter! Auf Deutsch! In Jerusalem!
Oi, wer braucht das? Ruft man verwundert.
Und noch lyrisch, der Stuß! Ja, was macht man mit dem?!
Das gehört doch ins vor'ge Jahrhundert!

Ach, meine Verse sind nächtlich zumeist
mühsam der Muse entrissen
und entsprechen so gar nicht dem heutigen Geist –
darum sollte man grad sie nicht missen.

Regenlied

Kleine stille Regenlieder
singt die Nacht uns bang und viel,
tausend liebe Perlenbrüder
steigen auf die Erde nieder
als ein Rauschen leicht und kühl.

Blanker Asphalt spiegelt wider
jeden Lichtschein der ihn traf –
Zarte stille Regenlieder
immer leiser immer müder
singt die Nacht uns in den Schlaf.

Muscheln

Sie sind als Gabe des Meeres
Mir früh an den Strand gespült;
Noch scheint ihr schimmerndes leeres
Gehäuse vom Nachtwind gekühlt.

Sie sind in Form und Gefüge
Bizarr und phantastisch und wild,
Als ob sich aus Urzeiten trüge
Ihr heilig verzaubertes Bild.

Da glüht es in holdesten Farben
Und leuchtets in mystischem Schein;
Sind Kuppeln und Zacken und Narben
Und doch ein vollendetes Sein.

Sie locken und träumen und funkeln
Und bringen die Märchen daher
Von verschollenen Schiffen und dunkeln
Palästen im Herzen vom Meer.

Es glimmen Geheimnis und Schweigen
In ihrer gewundenen Wand;
Sie halten sich selber zu eigen
Und sind doch nur Schale im Sand.

Da liegen sie starr auf der Stelle
Wo Tang und Kiesel ruht
Und wünschen es käm' eine Welle
Und trüg' sie zurück in die Flut …

Ilana Schmueli,
2001 in Jerusalem

ILANA SCHMUELI

»Ich bin in keiner Sprache wirklich ganz zu Hause.«
Ilana Schmueli

Ilana Schmueli, geborene Schindler, kommt aus Czernowitz. Ihre Familie gehörte dem Großbürgertum der Stadt an. Ihr Vater, Michael Schindler, Besitzer einer Möbelfabrik, war Zionist und Präsident von Maccabi, der jüdischen Sportbewegung. Er hatte ihn Wien Ingenieurwesen studiert. Ilanas Mutter stammte aus Wien und so war es natürlich, dass die deutsche Sprache ihre Muttersprache wurde.

»Zu Hause wurde Deutsch gesprochen. Ich konnte kein Jiddisch und kein Rumänisch und hatte große Schwierigkeiten, als ich in den Kindergarten kam. Dort wurde selbstverständlich nur Rumänisch gesprochen. Ich hatte die ganze Zeit Probleme mit der rumänischen Sprache. Obwohl ich fast zehn Jahre auf einer rumänischen Schule war, ist mir von der Sprache fast nichts geblieben. Nach einigen Jahren in Israel habe ich die Sprache vergessen. Als die Russen nach Czernowitz kamen, war ich in einer jiddischen Schule. Ich kannte die jiddische Sprache von zu Hause aus nicht und habe sie in dieser Zeit für mich entdeckt. Damals konnte noch jede Minderheit ihre Kultur pflegen. Daher gab es in Czernowitz eine ukrainische Schule, eine jiddische Schule und eine moldavische Schule. Ich musste damals ukrainisch, russisch und jiddisch lernen, nur Jiddisch ist bis heute in mir lebendig geblieben.«

Nach dem deutschen Einmarsch in die Sowjetunion wurde die Stadt im Juni 1941 von den sowjetischen Truppen verlassen und am 5. und 6. Juli 1941 von rumänischen und deutschen Truppen besetzt. Im Oktober begannen die ersten Deportationen in Czernowitz.

»Am Anfang wusste man nicht, wohin es ging. Viele Bewohner meldeten sich freiwillig zur Deportation. Sie dachten, wer zuerst kommt, bekommt die beste Wohnung und die beste Arbeit. Nach und nach sickerte durch, dass die Transporte nach Transnistrien gingen, und man hörte von den schrecklichen Verhältnissen dort.

Mit Hilfe von Beziehungen konnte man Bescheinigungen, so genannte Autorisationen, erhalten, um vorerst nicht deportiert zu werden. Es handelte sich um Arbeitsgenehmigungen, die man in vielen Fällen durch größere Zahlungen oder Protektion bekam. Meine Familie hatte solche Ausweise von dem Bürgermeister von Czernowitz, Popovici, einem Rumänen, bekommen können. Er hat damals großzügig Genehmigungen verteilt, die dann jedoch bald nicht mehr viel wert waren. Der Bürgermeister wurde abgesetzt und die Ausgabe neuer Ausweise begrenzt. Die Deportationen nahmen nun enorm zu. Auch die Eltern von Paul Celan wurden deportiert. Später erfuhr er, dass beide im Lager umgekommen waren.«

Bis zum 15. November 1941 wurden 28 391 Juden nach Transnistrien deportiert. Rund 20 000 Juden entgingen den ersten Deportationen durch die von Ilana Schmueli beschriebenen Kennkarten, die ihre »Nützlichkeit« für die Wirtschaft bescheinigten. Ab dem 4. Juni 1942 kam es erneut zu Deportationen. Ca. 16 000 Juden blieben in Czernowitz.

Trotz Verboten und schweren Bedrohungen traf sich damals regelmäßig eine Gruppe von jungen Intellektuellen und Lehrern. Ilana Schmueli, damals 17-jährig, war die jüngste Teilnehmerin. Sie wurde von den Freunden zum Lernen und Lesen angeregt. Sie alle gehörten dem deutschsprachigem Kulturkreis an. Zu ihnen zählten Rose Ausländer und Paul Celan, der damals 21 Jahre alt war. Texte wurden gelesen und besprochen, Musik gehört, diskutiert und gelernt. So lernte Ilana Schmueli beispielsweise von Rose Ausländer, die aus Amerika nach Czernowitz zurückgekehrt war, die englische Sprache. Mit Paul Celan las und interpretierte sie französische Gedichte und Texte.

»Celan war jemand, der viel gab und auf den man neugierig war. Er musste damals in einem Arbeitslager arbeiten und war nicht kontinuierlich bei den Treffen. Aber wenn er da war, las er auf Wunsch der Gruppe aus seinen Gedichten vor.«

Als die russischen Truppen 1944 Czernowitz wieder einnahmen, eröffnete sich die Möglichkeit der Flucht. Ilana Schmueli und ihre Familie flüchteten nach Palästina. Über Konstanza und Istanbul erreichten sie nach zehn Tagen Palästina – Ilana Schmueli war die Einzige der Gruppe, die nach Palästina emigrierte.

»Wir sprachen oft von Auswanderung: die Richtung war Westeuropa. Nach dem Krieg wollte man sich in Paris wiedersehen. Einige dachten an Amerika, aber für unsere Familie kam nur Palästina in Frage. Ich war die Einzige, erst viel später kam ein Lehrer unserer Gruppe nach Israel. Dann kam Ruth Kraft, die Freundin von Celan. Ruths Bruder war bereits da. Nach einigen Monaten ging sie jedoch nach Deutschland zurück.«

Ilana Schmueli sah Paul Celan erst nach 21 Jahren wieder.
»Das erste Mal habe ich ihn 1965 in Paris wiedergetroffen. Es war ein kurzes wichtiges Treffen. Er hat mir Paris gezeigt, wo er sich zu Hause gefühlt hat. Ich habe ihm versprochen, ihm Jerusalem zu zeigen. 1969 kam er zum ersten und einzigen Mal nach Jerusalem und ich habe ihn durch die Stadt geführt. Seit 1967 identifizierte er sich mit Israel. Er suchte sein Judentum und spielte sogar mit dem Gedanken, nach Israel zu kommen. Und doch wusste er, dass es nicht möglich war. Er hätte zum Beispiel auf das Deutsche verzichten müssen, aber seine Hebräischkenntnisse waren als Basis zum Schreiben viel zu klein. Es fiel ihm auch schwer, die Enge und das allzu Familäre der Umgangsformen zu ertragen.«

Für Ilana Schmuelis Eltern war es schwer, sich im neuen Land einzugewöhnen:
»Mein Vater litt an einer langjährigen Krankheit und starb ein Jahr nach unserer Einwanderung. Er litt sehr darunter, dass er am hiesigen Geschehen, politisch und gesellschaftlich, kaum mehr Anteil haben konnte, da er ja immer ein aktiver Zionist gewesen war. Meine Mutter starb 1970. Sie hatte nie versucht, Hebräisch zu lernen. Sie traf alte Freundinnen und half mir im Haushalt. Sie nahm uns viel von der Fürsorge für unsere Tochter ab, da ich ja studierte und arbeitete. Mit meiner Tochter sprach sie nur Deutsch. In den ersten zwei Jahren hatte ich schwere Krisen durchzustehen. Es waren nicht nur die Probleme der Sprache, es hatte mit meinen Erwartungen und der hiesigen Lebenshaltung zu tun. Viele waren uns Neueinwanderern nicht wohl gesonnen. ›Warum kommst du erst jetzt?‹, wurde man gefragt. Mein Glück war, dass ich mich für das Studium der Musikerziehung in Tel Aviv entschloss. Das Studium, meine Kollegen und die Lehrer halfen mir, mich zu integrieren. Es war auch in der Zeit schwierig, die hebräische Sprache zu erlernen; Ulpankurse wie heutzutage gab es nicht. Ein richtiges Studium und damit das Beherrschen der hebräischen Sprache habe ich allerdings nie erreicht. Im Seminar lernte ich Professor Kestenberg kennen, der das Seminar für Musikerziehung mit anderen nahmhaften israelischen Musikpädagogen gegründet hatte.«

Leo Kestenberg, ein Schüler von Ferruccio Busoni, war 1921 zum Professor an der Hochschule für Musik in Berlin berufen worden. 1929 wurde er zum Ministerialrat für Musikerziehung im Preußischen Kultusministerium ernannt. Von Bronislav Hubermann angeworben, war er von 1938 bis

1945 Generalmanager des Palestine Orchestra in Tel Aviv, bis er schließlich 1945 das Seminar für Musikerziehung in Tel Aviv mitbegründete. Er wurde Ilana Schmuelis Lehrer für Musikgeschichte, gab ihr Klavierunterricht. Er und seine Frau Greta halfen ihr mit ihrer Freundschaft über die schwere Zeit der Eingewöhnung hinweg. Ilana Schmueli besuchte den ersten Jahrgang des Seminars für Musikerziehung und machte ihr Musiklehrerdiplom.

»Unsere Lehrer hatten wie viele im Land die Vision, einen eigenen Stil und Ausdruck in der Kunst aus dem, was war und dem, was ist, zu gestalten. Man sehnte sich nach der Verschmelzung und Schaffung von neuen Stilen. Die Maler beispielsweise mussten mit einem neuen Licht arbeiten, sie mussten neue Formen finden. Vieles hat sich nicht verwirklicht. Das Leben war bestimmt von Kriegen und Kämpfen zwischen den verschiedenen ethnischen Gruppen. Kämpfe zwischen den Religiösen und Nichtreligiösen kamen dann später noch hinzu. In der heutigen Generation überwiegt der Einfluss der amerikanischen Kultur.«

Während des Unabhängigkeitskrieges wurde Ilana Schmueli zum Militär eingezogen. Sie arbeitete mit Neueinwanderern, die als Überlebende des Holocausts aus Europa kamen und als »Displaced Persons« in Auffanglagern der Alliierten untergebracht worden waren.

»Während des Unabhängigkeitskrieges kamen die neuen Einwanderer aus den DP-Lagern und die 18- bis 20-Jährigen wurden zum Militär eingezogen. Durch die Arbeit mit ihnen habe ich meine Verantwortung als Israelin wahrgenommen. Ich kümmerte mich um den Empfang der Neuankömmlinge, machte Aufklärungsarbeit in kleinen Gruppen, organisierte Veranstaltungen, wie Musikabende, Vorträge, etc. Vor allem versuchte ich, mit den Mädchen persönlichen Kontakt aufzunehmen und die schweren Probleme, die sie mit sich trugen, soweit es eben möglich war, zu besprechen. Das Schlimme war, dass KZ-Überlebende wieder in ein Lager kamen.
1953 heiratete ich Professor Dr. Herzl Schmueli, Musikwissenschaftler, 1956 kam meine Tochter Michaela zur Welt. Ich beschloss 1954, Sozialarbeit und Kriminologie zu studieren. Bis zu meinem 60. Lebensjahr habe ich im Bereich der Jugendkriminalität gearbeitet und später auch unterrichtet. Ich arbeitete mit Kindern und Jugendlichen zwischen 9 und 18 Jahren, schrieb Gutachten für das Jugendgericht und arbeitete als Bewährungshelferin. Die therapeutische Arbeit war bei uns auf sehr gutem Niveau. Später arbeitete ich dann auch als Supervisorin und organisierte Fortbildungskurse für unsere Bewährungshelfer. Ich betreute Jugendliche aus den verschiedensten Gesellschaftsschichten, doch hauptsächlich aus Familien von Neueinwanderern, die Schwierigkeiten mit ihrer Integration hatten. Hier handelte es sich oft um junge Menschen der ›Zweiten Generation‹, der Kinder von Überlebenden des Holocaust.«

Mit 60 Jahren ließ Ilana Schmueli sich zur Übersetzerin ausbilden. Durch die Übersetzertätigkeit musste sie sich intensiv mit der hebräischen Sprache auseinander setzen. Doch gewisse Probleme mit der Sprache blieben:
»Ich habe aber auch im Deutschen Probleme. Ich bin in keiner Sprache wirklich ganz zu Hause. Daher habe ich mich auch sehr schwer an die hebräische Sprache herangetraut. Als ich in Pension ging, habe ich beschlossen, mich mit dem Hebräischen nochmals ernsthaft zu beschäftigen. Ich begann hebräische Gedichte zu schreiben. Später kam ich wieder aufs Deutsche zurück.«
Sie übersetzte Gedichte vom Hebräischen ins Deutsche und vom Deutschen ins Hebräische. Das Deutsche blieb ihr aber viel geläufiger:
»Ich schreibe deutsch, spreche mit vielen meiner Freunde deutsch; doch leider empfinde ich mein Deutsch antiquiert.«

Sag's

Sag's
sag es anders
lern deine Zeit neu bemessen
lern wieder zu träumen im Schlaf
lerne erwachen

mit Fäden aus Zwielicht
web dir von neuem
Stirne und Augen
und Mund

Die der es die Worte verschlägt

» Wem es das Wort nie verschlagen hat«
Ingeborg Bachmann

Die der es die Worte verschlägt
kehrt auf halbem Weg um

die die ihren Namen nicht kennt
kann nicht unterschreiben

stammelt unhaltbare Sätze
zwischen Vorsatz und Vorsatz

Sieben Jahrzehnte

Sieben Jahrzehnte
sterb ich mein Leben
Wüste jagt hinter mir her
Holt mich ein
Ich zähle die Dünen
Sieben mal zehn

Kopf im Sand

Neige dich zu deinen Toten

Neig dich zu deinen Toten
sie hören
sie schauen
sie leben dir zu
sprechen dir vom Geheimnis
kaum noch vernehmbar

hörst du noch?
weißt du noch?

Jahre danach

»Was zu dir stand
an jedem Ufer,
es tritt gemäht in ein anderes Bild«
Paul Celan

Jahre
Jahre danach
wieder das Leuchten
»der Eisvogel taucht
es sirrt die Sekunde«

beim Eukalyptus
am Jordan
steh ich
»steh im Bild –
ungemäht«

von hier fließ ich mit:
fließ mit dem Prut
fließ mit der Oka
fließ mit der Seine

Das Grab

Fortgetan von hastigen Händen
in Thiais Paris Orly
der Jud
der Dichter
– nicht davongekommen –
laut braust es
von Ost und von West
kreuzt sich
im Himmel und Abgrund
über'm Granitblock
flattert es deutsch

kein Halm
kein Stein
kein Weiß
nichts Großgeweintes

Dorothea Sella,
1997 in Jerusalem

DOROTHEA SELLA

Im Unterschied zu den meisten Schriftstellern im Lyris-Kreis stellt Dorothea Sella in der literarischen Runde keine Gedichte oder Prosa vor, sondern liest aus ihrem autobiografischen Roman »Der Ring des Prometheus«. Die 1996 in Israel veröffentlichte Romantrilogie beschreibt ihr persönliches Schicksal während der Kriegsjahre: Die Tragödie einer begabten jüdischen Studentin der Philosophie, Philologie und Literaturgeschichte, die vor den näher rückenden deutschen Armeen hochschwanger nach Osten flüchten muss. Ihre tragische Geschichte steht exemplarisch für den Leidensweg der jüdischen Flüchtlinge aus der Bukowina in den Jahren 1941 bis 1945.

Dorothea Sella, geborene Sperber, wurde am 23. November 1919 in Czernowitz geboren. Ihre Familie – geprägt von der österreichischen Bukowina – pflegte die deutsche Kultur und gab sie an die Tochter weiter. Seit 1919 gehörte die Bukowina zu Rumänien und Dorothea Sella musste die rumänische Schule besuchen; zu Hause wurde jedoch Deutsch gesprochen und ihr die deutsche Kultur ans Herz gelegt:

»Die Eltern haben nicht verschwiegen, dass es auch in Österreich Antisemitismus gab, aber sie liebten die deutsche Sprache und Kultur. Ich bin mit dieser Sehnsucht nach Österreich aufgewachsen.«

1937 immatrikulierte sie sich an der Universität in Czernowitz für die Fächer Philologie, Philosophie und Literaturgeschichte. Infolge des Kriegsausbruchs kehrte 1939 Paul Celan, der in Frankreich Medizin studierte, nach Czernowitz zurück und wurde ihr Studienkollege in den Fächern Französisch und Romanistik. Das Anrücken der rumänischen und deutschen Truppen veranlasste Dorothea Sella schnellstens Czernowitz zu verlassen, um sich in Russland vor den Deutschen in Sicherheit zu bringen.

oben
Dorothea Sella mit ihren älteren Schwestern Rachelle und Edith in Czernowitz 1925
unten
Die Romanistik-Studenten in Czernowitz im Studienjahr 1939/40. Dorothea Sella steht in der untersten Reihe in der Mitte, neben ihrem damaligen Professor. Paul Celan steht in der vierten Reihe von unten.

Mit ihrer Flucht aus Czernowitz 1941 begann eine leidvolle vierjährige Odyssee durch die Ukraine bis zum Kaukasus und zurück. In ihrem Roman beschreibt sie ihre schmerzvollen Erfahrungen, den Tod ihrer fünf Monate alten Tochter Ammelie in Strawropol, den Verlust ihres Mannes, der bis heute verschollen blieb, und den Tod des zweiten Kindes in Tiblissi, der Hauptstadt Georgiens. Zurückgekehrt nach Rumänien, promovierte Dorothea Sella 1947 in Bukarest. In Czernowitz muss sie erfahren, dass ein großer Teil der Familie in den Lagern von Transnistrien gestorben ist.

Auch nach dem Krieg blieb der Weg von Dorothea Sella steinig. Ihr vorherrschender Wunsch bestand darin, Rumänien verlassen zu können. Wie bereits vor dem Ausbruch des Zweiten Weltkrieges, so scheiterten auch nach dem Krieg die Versuche, ein Einreisevisum nach Palästina zu bekommen.

Mit Ausrufung des Staates Israel hofften Dorothea Sella und ihr zweiter Mann Emil, auswandern zu können, da sie in Israel die einzige Möglichkeit sahen, endlich eine Heimat zu finden. Aber im Jahr 1948 wurde Rumänien kommunistisch und man verweigerte seinen Bürgern die Ausreise nach Israel; kurz vor ihrer Einschiffung im Hafen von Konstanza wurden sie nach Bukarest zurückgeschickt. Die Familie bekam keine Ausreisepapiere, weil ihr Mann Diplomingenieur war und mit seinen beruflichen Kenntnissen den Kommunisten, nicht aber Israel dienen sollte. Ihr Ausreisebegehren hatte für sie ökonomische und soziale Folgen. Emil erhielt von nun an nur noch die Hälfte seines Gehaltes. Sie fühlten sich ständig beobachtet und konnten niemandem trauen. Ein Leben unter ständiger Angst und Armut setzte sich fort. Dorotheas älteste Schwester dagegen hatte Glück. Sie war bereits 1936 als Zionistin und Pionierin nach Palästina gekommen, und ermöglichte der Mutter 1946 die Einreise. 1950 konnte auch die zweite Schwester die Reise nach Israel antreten. Nur Dorothea und ihrer Familie, sie hatte mittlerweile zwei Söhne geboren, blieb die Ausreise verwehrt. Als Arbeitskollegen von Emil Ausreisepapiere nach Israel bekamen, bat er sie, den Verwandten in Israel zu erzählen, wie sie an die Papiere gekommen seien. Es zeigte sich ein unglaublicher Vorgang, eine Form moderner Sklaverei. Um das kommunistische Rumänien verlassen zu können, musste man freigekauft werden:

Die Familie musste eine bestimmte Summe auf das Schweizer Konto eines Mittlers namens Jakober, der in England lebte, einzahlen. Jakober kaufte von dem Geld Gerätschaften u. a. für Rumänien. Als Gegenleistung durften die betroffenen Personen aus Rumänien auswandern. »Für Emil musste man 2000 Dollar zahlen, für mich und die Kinder je 500 Dollar, also insgesamt 3500 Dollar. Das war sehr viel Geld.«

Die Verwandten und ein Freund von Emil, der bereits in Argentinien war, zahlten die Summe. Dennoch ließ man die Sellas zunächst nicht gehen. 1962 war der Betrag auf eine Schweizer Bank überwiesen worden, ausreisen konnten sie jedoch erst 1964.

In der Zwischenzeit, im April und Juni 1963, waren die älteste Schwester und die Mutter gestorben. Die lange Zeit des Wartens auf die Ausreiseerlaubnis war für Dorothea Sella zermürbend:

Dorothea Sella mit ihrem zweiten Mann Emil 1945. Passfoto für eines der unzähligen Ausreisegesuche im Verlauf von 16 Jahren

»Ich litt unter der Sehnsucht nach Mutter und Schwestern. Andere wurden viel schneller durch Lösegeld freigekauft. Bei uns klappte der Loskauf nicht. Meine Schwester Edith schrieb, der ›Onkel‹ – das war das Synonym für Jakober – sei krank. Das bedeutete, dass die Verhandlungen immer stecken blieben. Wir sehnten uns nach Freiheit. Die Kinder durften auf der Straße das Wort Israel nicht aussprechen, stattdessen nur ›I‹ sagen. Ich hatte noch immer Angst, verschickt zu werden, da ich 1945 Russland illegal verlassen hatte. Im Laufe der Jahre wurde die Gefahr nicht kleiner, im Gegenteil. Edith [die Schwester] kümmerte sich um das Besorgen und Absenden der Lebensmittelpakete für uns und um die Korrespondenz mit dem Vermittler des Loskaufs. Dann hatte sie den Verlust unserer Schwester und den unserer Mutter zu tragen, und die Sorge, dies vor mir zu verheimlichen, solange es möglich war. Endlich am 5. April 1964 verließen wir Rumänien. In Italien, wo wir zwei Wochen lang auf die weitere Reise nach Israel warteten, berichtete mir Emil, dass meine Mutter und meine älteste Schwester Rachelle nicht mehr am Leben seien. Das war für mich ein Schock, von dem ich mich nur schwer erholen konnte. ... Am 17. April 1964 nahmen wir Abschied von Neapel und gingen an Bord des italienischen Schiffes ›Flaminia‹, das uns nach Erez Israel bringen sollte.

An Bord unterhielt ich mich mit Deutschen und Schweizern, die zu Besuch oder zur Arbeit nach Israel fuhren. Es war ein unglaubliches Erlebnis, mit Menschen aus aller Welt ungehindert und ohne Angst sprechen zu dürfen, was in Rumänien nicht möglich gewesen war. Ich fragte einen deutschen Pastor, ob er den Mord an den sechs Millionen Juden erklären könne, doch er wich der Frage aus. Trotzdem war ich erfreut, dass Deutsche das Land Israel besuchen wollten; das war mir vollkommen neu.

Am 21. April 1964 erreichte das Schiff den Hafen von Haifa. Emil war der einzige von uns vieren, der rechtzeitig aufgestanden war, um Haifa aus dem Meere auftauchen zu sehen, und er weckte uns. Eine Gruppe von amerikanischen Juden kam an Bord, um die Olim [Einwanderer] auszufragen: woher sie stammten, warum sie einwandern wollten und was für Pläne sie hatten. Plötzlich erblickte ich vom Deck aus meine Schwester Edith, die uns am Kai erwartete. Der Schmerz, dass unsere Mutter und Rachelle nicht dabei sein konnten, überschattete die Freude des Wiedersehens.«

Dorothea Sella mit ihrem Mann und ihren Söhnen an Bord der »Flaminia« 1964

Im ersehnten Land angekommen, tauschte die Familie den Nachnamen Abramowici mit dem Namen Sella ein:

»Wir haben alle vier gemeinsam diesen Namen gewählt, weil Sella auf Ivrit Felsen bedeutet, und weil wir hier so stark sein wollen und so stark sein müssen wie die Felsen, auf denen wir jetzt leben. Außerdem hat jeder Buchstabe des Wortes Sella für uns eine besondere Bedeutung: S = science, savoir, e = espoir, l = lutter, liberté, das zweite l = livres, littérature, a = amour, amitié. Die hebräischen Buchstaben unseres neuen Namens (s, l, a) bedeuten für uns ›semóch al limodéycha we al amalchá‹ = ›Baue auf dein Wissen und auf deine Arbeit‹. All diese Bestrebungen sind die Richtlinien unseres Lebens.«

Auch in Israel wollte Dorothea Sella die deutsche Sprache weiterhin pflegen und ihre Kinder in der deutschen Sprache erziehen. Hatte sie schon in Rumänien ihre ganze Energie aufgebracht, damit ihre beiden Söhne in den deutschen Kindergarten und die deutsche Schule gehen durften, so setzte sie ihr beharrliches Bestreben in Israel fort.

»Ich liebe die deutsche Sprache von ganzer Seele, obzwar ich um ihre Liebe ringen musste. Deutsch ist zwar meine Muttersprache, aber ich habe Deutsch niemals richtig studiert, ich habe immer nur andere Sprachen gelernt und hatte in der Schule alle Fächer in Rumänisch. Ich erinnere mich, dass ich als Kind die Eltern, Tanten und Onkel, deren Schulbücher bei uns zu Hause noch immer auf Tischen und in Schränken herumlagen, beneidet habe, weil sie aus solchen ›zauberhaften‹ Büchern hatten lernen dürfen. Und ich habe hier in Israel ein paar alte deutsche Schulbücher vom Ende des vorigen und Anfang unseres Jahrhunderts im Antiquariat gekauft, um sie meinen Kindern zu zeigen und um mit ihnen darin ein wenig zu lesen.«

Die Eingewöhnung in Israel fiel Dorothea Sella schwerer als ihrem Mann, der schnell eine Arbeit als Diplomingenieur fand und sich am Morgen vor Arbeitsbeginn in das hebräische Sprachstudium vertiefte. Er war es auch, der begann, mit ihr Hebräisch zu sprechen:

»Emil hat eines Tages angefangen, mit mir Hebräisch zu lernen. Er sagte, jetzt sprechen wir nur Ivrit. Es hat mir nichts geholfen. Ich spreche zwar jetzt Hebräisch, aber wenn ich etwas schnell sagen will, spreche ich Rumänisch oder Deutsch. Mit den Kindern spreche ich Deutsch. Es war mir so wichtig, das sie Deutsch lernten. Es ist meine Muttersprache und die Muttersprache meiner Kinder. Die Deutschen, die Jeckes, haben ihren Kindern kein Deutsch beigebracht, sie wollten das nicht. Meine Kinder haben auch miteinander Deutsch gesprochen. Die deutsche Sprache, Literatur, Kultur habe ich geliebt. Ich habe meinen Kindern von den Gräueln der Deutschen erzählt, und ich war noch nie in Deutschland. Trotzdem ist die Liebe zur deutschen Sprache geblieben.«

Dorothea Sella unterrichtet ihre Kinder in der deutschen Sprache. Jerusalem 1964

Ihr Kontakt zum Lyris-Kreis kam über Manfred Winkler zustande, der Paul Celans Gedichte in das Hebräische übersetzte. Als Celans Freundin Martha, mit der Dorothea Sella in Russland gewesen war, in Israel die Czernowitzer Juden einlud, lernten sie sich kennen. Dabei stellte sich heraus, dass die Frau von Manfred Winkler die ehemalige Nachbarstochter von Dorothea Sella in Czernowitz gewesen war.

Für Dorothea Sella ist der Lyris-Kreis von großer Bedeutung. Die seltene Möglichkeit, sich in einem deutschsprachigen Kreis zu bewegen und die Freude, deutsche Gedichte und Prosa zu hören und sich selbst mit dem Vorlesen ihrer Geschichte einzubringen, sieht sie als ein großes Glück an:

»Der Lyris-Kreis bedeutet für mich sehr viel. Erstens einmal höre ich die deutsche Sprache. Die Leute sind mir sympathisch und viele Gedichte gefallen mir. Mein Mann arbeitet viel, meine Söhne können nur einmal die Woche zu Besuch kommen, und so ist der Kreis für mich auch die Chance herauszukommen. Sonst bin ich immer alleine und verbringe meine Zeit mit lesen und schreiben.«

September 1941. Im Donezgebiet hin und her

Auf dem Bahnhof von Rostow gab es einen speziellen Warteraum, wo Kinder und stillende Mütter etwas zu essen und zu trinken bekamen, sich ausruhen und sogar schlafen konnten. Das war die »Stube für Mutter und Kind«, die ich hier zum erstenmal entdeckte und in Anspruch nahm. Ich aß in aller Eile eine Portion süß schmeckendes »Kissel« (Gelee) – ich hätte gerne zehn Portionen davon verschlungen – und lief wieder hinaus. Wie ich mir wünschte, in dieser »Stube« verweilen zu dürfen! Doch wer weiter wollte, der musste hart am Gleise stehen, obwohl auch das nicht viel nützte. Wenn nämlich ein Zug einfuhr, war er entweder schon gerammelt voll, oder es war ein Militärtransportzug, in den man selbstverständlich nur Soldaten einsteigen ließ. So vergingen eine ganze Nacht und ein ganzer Tag. In der zweiten Nacht hielt ich es draußen nicht mehr aus und ging mit dem Kind in die »Stube« hinein, um ein wenig zu schlafen. Die Wickelkinder lagen im Kreis in einem runden Laufstall in der Mitte des Raumes, und die Mütter (zumeist russische und ukrainische Frauen, deren Männer an den Fronten kämpften) lagen ringsherum auf dem Fußboden. In einer Ecke brannte eine wegen der Verdunklungsvorschrift zum Teil abgeschirmte Petroleumlampe, die den Raum nur dämmrig beleuchtete. Ich legte Ammelie in den Laufstall zwischen die anderen Säuglinge, streckte mich auf dem Boden zwischen andere Mütter aus, doch war ich kaum eingeschlummert, als Andi laut hereinschrie: »Komm so schnell du kannst!«
Ich sprang wie ein Federball von meinem Platz auf und an den Laufstall heran. Ich tastete nach dem Kind. Der schwarze Stoff und die Windel waren durchnäßt, das Handtuch und die andere Windel, die ich – ohne Seife, da ich keine hatte – an der Bahnhofspumpe gewaschen und auf den Rand des Laufstalls zum Trocknen aufgehängt hatte, waren noch naß, doch zum Wechseln war sowieso keine Zeit da. Ich ergriff also das Kind, das Handtuch und die Windel und lief zur Tür hinaus. Alle Mütter waren aufgestanden, da sie natürlich begriffen hatten, wozu ich gerufen worden war, obwohl Andi rumänisch gesprochen hatte. Diejenigen, die zu müde waren und noch etwas Proviant besaßen, sahen nur besorgt nach, ob ich mich nicht am Kind geirrt hatte. Andere rissen ihre Kinder an sich und liefen mit mir zusammen auf den Bahnsteig hinaus. Niemand fragte, was für ein Zug das war und in welche Richtung er fuhr. Andi und ich liefen zusammen mit unseren Studiengenossen inmitten eines wilden Getümmels den Zug entlang, hauten uns vor einer der Wagenstiegen durch einen kämpfenden Knäuel hindurch, und da unsere Gruppe einen Knäuel für sich bildete, gelang es auch Andi und mir mit dem Kind, das Trittbrett zu erklettern und die Plattform des Waggons zu erreichen.

Auch auf dem Bahnhof von Czernowitz war es für mich schwerer als für andere gewesen, in den Zug hineinzukommen, doch jetzt, mit dem Kind in den Armen, war es tausendmal schwerer. Und das arme Kind? Sicherlich war es ihm leichter gewesen, als es noch im Mutterleib lag, geborgen und geschützt; jetzt war es in Gefahr, rettungslos zerdrückt zu werden. Ich weiß nicht, woher ich, so eingekeilt wie ich war, die Kraft nahm, das Kind schließlich über das Gewühl und Gedränge von Köpfen und Rucksäcken hochzuheben ... Das Ärgste an dieser Fahrt war aber, daß sie zu kurz war, und daß sich die ganze Mühe nicht gelohnt hatte, denn nachdem wir eine kurze Strecke nordwärts gefahren waren, befahl man uns auszusteigen. Wir hätten gar nicht einsteigen sollen, da auch dieser Zug, wie so viele andere, für militärische Zwecke und nicht für Evakuierte bestimmt war. [...]

Wieder lagerten wir auf dem Fußboden einer Bahnstation, in einem unbeschreiblichen Gewühl von Frauen mit Säuglingen und größeren Kindern, von alten Frauen und alten Männern, von Säcken, Schachteln, Bündeln und anderen Arten von Gepäck, und harrten auf irgendeinen Zug, mit dem wir vom Fleck kommen könnten. Ein Zug rollte ein ... Man rannte haufenweise los, obwohl man auch diesmal nicht wissen konnte, ob es einen Sinn hatte, den Kampf aufzunehmen. Es passierte wieder und im folgenden noch viele Male, daß wir, nachdem wir uns ein Plätzchen in irgendeinem Eisenbahnwaggon erkämpft hatten, gezwungen waren, auf dem nächsten Bahnhof auszusteigen und alles von neuem zu beginnen. Endlos und qualvoll war das Harren und Lauern auf die Möglichkeit einer Weiterfahrt. Um vieles kürzer, doch um so qualvoller waren die immer gleichen Szenen, die sich jedesmal bei der Einfahrt eines Zuges abspielten. [...] Hatte man einmal zu laufen angefangen, so gab es kein Anhalten mehr. Man wurde einfach vorwärtsgestoßen. Man zielte auf ein Trittbrett, das einem erschwinglicher schien, auf einen Puffer, der nicht besetzt war, oder auf ein Verdeck, wo noch ein Plätzchen frei war. Nachdem man sich für eine der »Eingangspforten« entschlossen hatte, stürzte man sich in den von allen befürchteten Wettkampf auf Leben und Tod. [...]

Nie werde ich diesen Kampf um eine Fußbreite Trittbrett oder Puffer, niemals das Flehen um helfende Hände vergessen. Es sind nun viele Jahrzehnte vergangen, seit ich das mitmachte, und noch immer bringt mir der Anblick eines in den Bahnhof einfahrenden Zuges oder sogar auch nur des Andrangs an einer Straßenbahn jenes Schauspiel vor Augen und ruft in meinem Innern den damaligen Seelenzustand wach, so daß ich zu zittern anfange und mich erst nach einer Weile wieder beruhigen kann.

Auszug aus dem autobiografischen Roman »Der Ring des Prometheus«.
Denksteine im Herzen, Jerusalem 1996

Manfred Winkler,
1997 in Jerusalem

MANFRED WINKLER

»Ich führe eine doppelte Existenz, in Deutsch und in Hebräisch. Deutsch und Hebräisch treffen und ergänzen sich in mir.«
»Das Deutsche ist eine Insel, die keinen Nachschub mehr bekommt.«
Manfred Winkler

Manfred Winkler wurde 1922 in Putila, in der Bukowina, als Sohn eines wohlhabenden jüdischen Rechtsanwaltes geboren. 1936 zog Manfred Winkler nach Czernowitz, um dort weiter die Mittelschule zu besuchen. In dieser Zeit begann er, Gedichte zu schreiben. 1941 machte er dort das Abitur. Im gleichen Jahr wurden zunächst seine Familie und dann er selbst deportiert.

»Meine Eltern und die Frau meines Bruders wurden nach Kasachstan, mein Bruder in die Nordpolgegend, das GULAG-Gebiet, deportiert. Mein Vater starb 1942. 1947 gelang es meinem Bruder nach Kasachstan zu kommen. Meine Mutter starb dort 1965.«

Manfred Winkler, der in ein transnistrisches Lager deportiert worden war, kehrte 1944 nach Czernowitz zurück. 1946 zog er nach Temeswar in Rumänien, in der Hoffnung, von dort aus leichter nach Palästina emigrieren zu können.

»1948 war ich in der Hachscharah in Tuschtja (Siebenbürgen) und wurde dort auf die landwirtschaftliche Arbeit im Kibbuz vorbereitet. 1949 wurde die zionistische Bewegung jedoch von der kommunistischen Regierung aufgelöst.«
Obwohl er bereits 1949 den Antrag auf Ausreise nach Palästina gestellt hatte, musste er noch weitere zehn Jahre warten, bis er das Land verlassen konnte. Bis dahin arbeitete er zunächst als technischer Beamter in der

oben
Manfred Winkler mit Freunden in Tuschtja (Siebenbürgen), 1948. Vorbereitung auf die landwirtschaftliche Arbeit im Kibbuz in Palästina

unten
Manfred Winkler in Beth Alpha 1959 mit Verwandten, die zu den Gründern des Kibbuzes in den Jahren 1920–22 gehören

Metallverarbeitungsindustrie und trat nach dem Tode Stalins 1953 mit unpolitischen Gedichten an die Öffentlichkeit. 1956 wurde er Mitglied der deutschen Abteilung des Schriftstellerverbandes und arbeitete als freier Schriftsteller und auswärtiger Mitarbeiter der deutschen Abteilung des Temeswarer Rundfunks.

Erst 1959 durfte er nach Israel auswandern. Seine Frau bekam ein Jahr später ebenfalls die Erlaubnis auszuwandern:

»Wenn man eine Ausreisegenehmigung bekommen hatte, musste man sofort fahren. Ich konnte also nicht auf meine Frau warten. Man hatte mir versprochen, dass sie sechs Wochen später ausreisen dürfte. Aber es dauerte ein ganzes Jahr.« Manfred Winkler ist nie wieder nach Czernowitz zurückgekehrt.

Wie war ihre erste Zeit in Israel?

»Als ich 1959 nach Israel kam, traf ich hier auf Verwandte aus Galizien, die zur Gründergeneration zählen. Sie sind bereits in den 20er Jahren nach Palästina ausgewandert und gründeten zwei Kibbuzim in der Gegend von Beth Schean. Nach meiner Ankunft trat ich sofort in den Kibbuz Beth Alpha ein. Es war ein Kibbuz der sozialistisch-zionistischen Bewegung Haschomer Hazair. Ein halbes Jahr blieb ich dort; länger wollte ich nicht bleiben, denn meine Erfahrungen mit dem Sozialismus und dem Kommunismus reichten mir. Ich stellte fest, dass das Leben im Kibbuz nichts für mich war.«

Manfred Winkler zog nach Jerusalem und belegte dort einen Sprachkurs (Ulpan). »In Beth Alpha hatte ich schon begonnen, Hebräisch zu lernen. Ich lernte jeden Tag 20 Vokabeln auswendig, so dass ich mir bereits in zwei Monaten einen Wortschatz von etwa 1000 Vokabeln aneignen konnte, allerdings ohne Grammatik. Eines Tages fühlte ich plötzlich die Melodie eines hebräischen Gedichtes in mir und schrieb es nieder. Ich las das Gedicht einer Mitschülerin vor. Diese erzählte dann in der Klasse, dass ich ein hebräisches Gedicht geschrieben hätte. Mein Lehrerin war von dem Gedicht begeistert. Ich nahm an einem Wettbewerb des Unterrichts- und Kulturministeriums teil und erhielt den ersten Preis für Dichtung. Das Geld wurde mein Schulgeld für das erste Jahr an der Uni.«

Manfred Winkler schrieb sich an der Universität für hebräische und jiddische Literatur ein. »Am Anfang war es an der Universität ungeheuer schwer. Meine Kommilitonen waren viel jünger als ich. Sie glaubten, ich müsse alles wissen. Dabei verstand ich in der Regel ihre Fragen nicht.«

1963 schloss Manfred Winkler sein Studium ab und begann im darauffolgenden Jahr seine Arbeit im zionistischen Zentralarchiv. Er leitete von 1964 bis 1981 das Jerusalemer Herzl-Archiv und war Lektor und Mitarbeiter der Redaktion, die die hebräische Übersetzung der Werke Theodor Herzls betreute.

Seit 1981 ist er als Übersetzer, Dichter und Bildhauer tätig. Er übersetzt aus dem Hebräischen ins Deutsche und aus dem Rumänischen, Jiddischen, Russischen, Ukrainischen und Deutschen ins Hebräische. So übertrug er beispielsweise die Gedichte von Paul Celan aus dem Deutschen ins Hebräische. Seine eigenen Gedichte wurden bereits in viele Sprachen übersetzt: Hebräisch, Englisch, Rumänisch, Jiddisch, Russisch, Ukrainisch, Ungarisch, Polnisch, Holländisch, Französisch, Spanisch und Chinesisch.

Manfred Winkler, unten rechts, mit seinem Sprachkurs (Ulpan), Jerusalem 1959

Vor etwa 30 Jahren begann er seine Karriere als Maler und Bildhauer. Die Skulpturen aus Ton und die Bilder aus Pastell, Wasserfarben, Öl, Stift oder Kohle spiegeln eindrucksvoll und lebendig Szenen aus dem Leben wider.

Viele Intellektuelle aus Czernowitz wollten nicht nach Israel auswandern, sondern setzten alles daran, nach Amerika zu kommen. Andere sind nach dem Krieg nach Frankreich ausgewandert. Wieso haben Sie sich damals dazu entschlossen, nach Israel zu gehen?
»Ich kam mit 37 Jahren nicht als Zionist nach Israel, allein der Holocaust hat mich in das Land der Väter gebracht. Ich sehe alles hier, auch das Negative, aber ich weiß, das dies das Land ist, auf dem ich zum ersten Mal eigenen Boden unter den Füßen gefühlt habe. Ich habe mich nie als Rumäne verstanden. Durch den Antisemitismus, den es überall gab, bestand stets ein feindliches Verhältnis den Juden gegenüber. Der Antisemitismus wurde doch mit der Muttermilch eingesaugt, der Jude war schon a priori sogar für das Kind schlecht. Ich will Ihnen ein Beispiel erzählen:
Ein jüdischer Freund von mir in Rumänien – er war Schauspieler und Musiker – erzählte mir von einem Ausflug, den er in die Berge gemacht hatte. Dort traf er auf einen Schäfer, der ihn zum Essen einlud. Bei Tisch bekreuzigte sich der fromme Mann, mein Freund nicht. Daraufhin fragte der Schäfer ihn: ›Warum bekreuzigst du dich nicht?‹ ›Weil ich Jude bin.‹

›Wieso bist du Jude?‹, fragte dieser ihn ungläubig und suchte die Hörner und die lange Nase. ›Du bist kein Jude‹, sagte er, ›du sprichst doch und bist wie wir.‹ – In Israel habe ich mich zum ersten Mal frei gefühlt.«

Haben Sie Kontakt zu Palästinensern?
»Ich hatte vom Zufall geprägte Kontakte. Ich hatte Kontakt zu arabischen Studenten, aber wir waren einander fremd. Ich habe nie die arabische Bevölkerung gehasst. Gehasst habe ich nur die Faschisten und die Kommunisten. Ich weiß, dass Israel für beide Völker ein traumatisches Problem ist, doch wir müssen einen Modus Vivendi finden. Sowohl die Israelis als auch die Palästinenser haben Fehler gemacht. Ich gehöre nicht zu denen die behaupten, dass dies nur unser Land sei. So einfach ist es nicht.«

Wie wird es in Israel mit dem Friedensprozess weitergehen?
»Es hatte schon etwas begonnen. Leider wurden durch diesen schrecklichen Mord an Rabin viele Hoffnungen zerstört, natürlich auch bei den Palästinensern. So eine Erscheinung wie die der Massenselbstmörder gab es niemals und nie in diesem Ausmaß. Das sind einfache Jugendliche aus Dörfern, die noch an das Märchen vom Paradies mit den Huris glauben. Das ist eine schreckliche Erscheinung. Es gibt immer einzelne Menschen, die sich für etwas opfern, aber hier ist es fast eine Massenpsychose. Es gibt auf beiden Seiten eine Neigung zum Extremismus. Der Großteil der Bevölkerung will keinen Extremismus; man muss am Ende doch zusammen leben oder man geht miteinander zugrunde.«

Sehen Sie einen Weg, wie die Zukunft für das Land gestaltet werden könnte?
»Ich bin vielleicht ein Träumer. Es wird wahrscheinlich keine Liebe zwischen beiden Völkern geben. Vielleicht ist aber eine Annäherung möglich, wenn man sich auf territorialer Basis einigt. Dann müsste es zwei Länder geben und Jerusalem müsste auf munizipaler Basis vereinigt bleiben.«

Wie ist Ihre Beziehung zu Deutschland und zur deutschen Sprache?
»Ich habe Kontakte zu Deutschen, die in meinen Kreisen sind, und es gibt Beziehungen von Mensch zu Mensch. Aber ich bin gehemmt, durch die Hemmung, die ich beim Partner fühle. Oft sprechen die Deutschen viel zu positiv über Israel und ich merke, dass man Komplexe hat und nicht das sagt, was man sagen möchte. Was die Sprache angeht, so ist das Deutsche natürlich meine Muttersprache geblieben. Auch wenn ich in Hebräisch und Deutsch schreibe. Die hebräische Sprache habe ich gelernt, nicht ganz erlernt, bis heute nicht. Deutsch war meine Muttersprache, sie bekam ich mit, sie ist mir geblieben. Man fragt mich immer, in welcher Sprache ich denke. Ich kann das nicht unterscheiden. Wenn ich hebräisch spreche, denke ich in Hebräisch, wenn ich deutsch spreche, denke ich in Deutsch. Ich benutze die deutsche Sprache auch in der Familie, mit meiner Frau spreche ich hauptsächlich Deutsch, mit meinem Schwiegersohn und den Enkeln allerdings Hebräisch.«

Was bedeutet der Lyris-Kreis für Sie?

»Der Lyris-Kreis ist eine deutsche Insel hier im Mittelmeerraum. Ähnliche Kreise gibt es wahrscheinlich auch in anderen Einwandererländern, denn die Juden pflegen ihre Muttersprache. Bei den russischen Juden ist dieses Phänomen sehr ausgeprägt. Sie haben mittlerweile schon mehr Zeitschriften auf Russisch als wir auf Hebräisch. Sie pflegen ihre russische Kultur und ihre Sprache. Das Deutsche ist insofern etwas besonderes, weil es abgebrochen wurde. Das Deutsche ist eine Insel, die keinen Nachschub mehr bekommt.

Ich glaube kaum, dass außerhalb Europas noch ein solches Zentrum deutscher Kultur und literarischen Schaffens existiert, wie hier im Nahen Osten, und das seit mehr als einem halben Jahrhundert. Es begann eigentlich mit der Endphase jener, auch in den besten Jahren problematischen, hundertjährigen deutsch-jüdischen Symbiose und auch über sie hinaus. Ein letzter Hafen vielleicht, eine Herberge noch, die vom deutschen Standpunkt aus gepflegt werden müsste und die womöglich noch den Kern einer weiteren Entwicklung in sich trägt, ganz abgesehen von der historisch-kulturellen Bedeutung als solcher. Manche jungen deutschen Intellektuellen kamen nach der Vernichtung her, um in ihrer Bedrückung etwas zu suchen – vielleicht das, was mit dem Ausmerzungsversuch des jüdischen Geistes aus der deutschen Literatur fast verschwunden ist und heute fehlt. Ich kenne mehrere solcher jungen Menschen, auch ältere; es sind vorwiegend Germanisten und Theologen.«

oben
Selbstversunken
unten
Nachdenklich

oben
Ergebenheit oder schicksalsergeben
unten
Einsamkeit

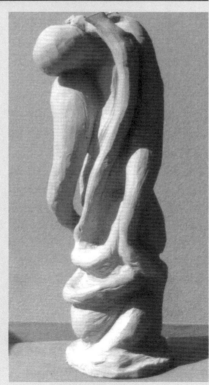

oben
Jeder für sich
unten
Egozentrisches Gruppenbild

»Erst jenseits der Kastanien ist die Welt«

Ein letztes Wort von K gesucht
und verkannt
rieselt aus der Wand in den Schrei
der zimmerverbannten Kreatur.

Es naht die Zeit der schwindenden Künste
und Wirbelwinde.

Gottessohn, der Hungerkünstler und Bodenvermesser
gehen allmählich mit K durch die Allee der Kastanienbäume
hinter der die Welt
eines ertrunkenen Freitoddichters sich endlos weitet
vom Buchenland zur Seine und wüstenhin
durch die Wadis zum hohen Berg der Zertrümmerung
wo Gott gesprochen hat,
zum Sandbett der Zeitlosen und des Immergrüns.

Wir kosteten unreife Frucht

Wir kosteten unreife Frucht
in den schönsten Jahren
in roten Wäldern
nannten sie Herbst

Gingen durch rote Wälder
unter niedrigen Himmeln,
spielten mit Wolken
nannten sie Herbst,
kosteten unreife Frucht,
gingen der Süße kommender Nächte entgegen,
spielten mit langem Haar
im bleiernen Licht.

Spannten dünne Finger
über den Kerzen,
wir die blinden Kinder der Shoah
mit Hiobsaugen,
und die roten Wälder
schüttelten ihre Blätter auf uns.

Ein bitterer Gott der Mehrzahl
ist Elohim, wir riefen ihm zu,
fielen mit unserem »Schma Israel«
in sein dunkles
Erdhügelgewand.

Jerusalemer Zwischenspiel

In Jerusalem wenn
Nacht sich vertieft
fliegen die Sterne auf,
die Schmetterlinge.

Man sucht den Tag
in den Winkeln
von Mea Schearim
man sucht vergebens den Sinn
irgendwo.

Es wird mäuschenstill
in den Gassen
wie in einem alten
Leichenhaus, nur
die Bärte leuchten.

Jemand trägt seine Liebe hinaus
beim ersten Wort.
Im Anfang schuf Gott …

Vielleicht kommen wir wieder
im nächsten Jahr
vielleicht bauen wir wieder
die Mauern auf zum Haus
im nächsten Jahr.

Ein Mal auf des Gläubigen Stirn,
der Wind der Ungläubigen
weht Sand in die Augen,
jemand weint, jemand photographiert.
Wenn die Sonne morgen wieder scheint
kommt soviel Tag in die Nächte der Heiligkeit.

Dichten

stummsein
sich dem Tod vererben,
an der Grenze des Wortes
zugrundegehen.
Dort, wo man es
fassen kann-
zersplitterts,
nur ein Häutchen von Herz
und Hirn
ringt sich
manchmal
farbenschillernd und grau
aufs geduldige Papier.

Uferbild

Aus grauer Wolkenbühne
fällt Sonnenlicht
ins schwirrende Meer,
verwirrt die Zeit
bis zum Abend,
nur noch ein verwaistes Warten
erstarrt in den Kähnen.

Die Ferne vereist
zu Glas.

Im Cafe Rowal im Zentrum Tel-Avivs

Kühle sickert ein und der Schritt wird rauh,
vom Rettungsgürtel eines Augenblicks
segle ich hinab zum Meer, die Ufer warten,
der schräge Tag schimmert hindurch.

Ich such deinen Blick im Wortgedränge
wie zwischen grauen Dächern
einen Streifen Himmelsblau,
jemand sagt leichthin das dreisilbige Wort Ewigkeit
und fügt ein Einsamsein hinzu
im Cafe Rowal im Zentrum Tel-Avivs.

Jemand hört dem Flug der Möwen zu,
der Sonne riesiger Ball brennt sich
in den westlichen Wolkengrat des Meeres ein.

Jemand döst vor sich hin
in den kaltgewordenen Tee
im Cafe Rowal im Zentrum Tel-Avivs.

Jemand hört der heimkehrenden Herden
karpatisches Glockenspiel.

Magali Zibaso,
1997 in Jerusalem

MAGALI ZIBASO

Magali Zibaso ist das jüngste Mitglied des Lyris-Kreises. Sie wuchs im Berlin der Nachkriegszeit auf.

»In der Schule hat man mir nachgerufen, deine Mutter ist Jüdin. In der achten Klasse nahmen mich meine Eltern von der Schule. Ich bekam Privatunterricht in Sprachen und Literatur und sollte mich vornehmlich dem Klavierspielen widmen. Die öffentlichen Auftritte als Pianistin konnte ich aber auf Dauer nicht aushalten. Aus diesem Grund machte ich 1959 mein Abitur auf der Abendschule, um Musikwissenschaft studieren zu können.«

Magali Zibaso begann 1961 ihr Studium in Berlin und setzte es in Frankfurt am Main fort. Sie heiratete und bekam drei Töchter. 1967 reiste sie zum ersten Mal nach Israel. In dieser Zeit reifte ihr Entschluss, nach Israel zu ziehen. Nach Abschluss ihrer Promotion emigrierte sie 1975 mit ihrer Familie nach Israel. Mit ersten Kenntnissen im Lesen des Hebräischen gewappnet, lernte sie mit Hilfe eines Sprachkurses (Ulpan) in drei Monaten Hebräisch und sprach mit den Kindern, die bereits in der Schule in Deutschland Hebräisch gelernt hatten, nur noch Hebräisch. Ihr und den Kindern war die Umstellung auf die neue Sprache problemlos gelungen, nicht aber ihrem Mann:

Er war bereits Anfang der fünfziger Jahre als einziger Überlebender seiner Familie nach Israel gekommen, hatte in mehreren Kibbuzim gelebt und sich dort nicht zurechtgefunden. Zurückgekehrt nach Deutschland, lernte er Magali Zibaso kennen und sie heirateten. Aber auch der zweite Versuch, mit seiner neuen Familie in Israel Fuß zu fassen, schlug fehl.

oben
Magali Zibaso
als Kind in Berlin
unten
Magali Zibaso
als Pianistin

»Er zog sich immer mehr in sein Jeckesein zurück. Die Kinder und ich sprachen nur noch Hebräisch. Nicht aus Arroganz, sondern weil meine Kinder nicht bereit waren, in einer anderen Sprache zu sprechen. Mein Mann konnte sehr gut Hebräisch, und ich habe noch in Deutschland von ihm erste Hebräischkenntnisse gelernt. Aber als wir hier waren, sprach er plötzlich nur noch Deutsch. Da hat er keine Sprache mehr mit den Kindern gehabt. Als er 1988 nach Deutschland zurückkehrte, konnten sie sich nicht mehr schreiben. Er hat sich infolge der Schoah auf sein Judesein besonnen.«

Magali arbeitete zunächst als Bibliothekarin und dann als Übersetzerin. Durch einen glücklichen Zufall erfuhr sie von der Existenz des Lyris-Kreises, der für sie eine besondere Bedeutung hat:
»Ich mag die Auseinandersetzung mit den Texten und die Kritik der Teilnehmer. Durch meine Arbeit als Übersetzerin beschäftige ich mich täglich mit der deutschen Sprache. Aber der Lyris-Kreis ist der einzige Ort, wo ich auch deutsch spreche.«

Lichtpunkte aufsuchen

Lichtpunkte aufsuchen
in der Nacht

Entgegenwirken
den Ängsten

Bang ist's dir
bis der Vorhang
sich hebt
und das Licht einläßt
wie das Wort es befiehlt

Etty H. in memoriam

Auf der Heide
fern von allen Lichtern
Geräuschen der Stadt
standst du
auf lockerem Grund
der gestirnte Himmel über dir
stütztest dich auf
eine blaß-rosa Zyklame
wußtest um das Ende
und gingst allein
den Einen im Herzen:
Ihm zu helfen
Und die Menschen zu lieben für ihr Leid
Und in ihnen zu lesen
Zu sein:
Denkendes Herz
In der Baracke

(Etty Hillesum, 1914 in Middelburg geboren,
juristisches Examen mit Auszeichnung,
daneben Studium der slawischen Sprachen,
anschließend Psychologie; im Oktober
1943 mit den Eltern und zwei Brüdern über
Westerbork nach Auschwitz gebracht,
dort am 30. November 1943 vergast.)

Friede

Schließ die Augen
und du wirst
die Toten sehen
nie mehr vergessen
ihre Augen
schließ die Augen
und sieh
den Vater
am offenen Grab
Kaddisch sagen

Schließ die Augen
Sieh –
die Anemonen
sind so rot

[Ohne Titel]

Es blieb
ein Stückchen Himmel
in mir,
an dessen Firmament
deine Augen stehn.
Ich aber gehe gebeugt
und zähle
die Steine.

Jiskor

I.
Augenschreie
Ein Seelenlicht
züngelt sie
herztief.

Schrille Schreie
der Schwalben
denen einst
Anne, Selma
nachblickten.

II.
In diesen Tagen
bist du
glaszerbrechlich,
fiebernd
saugen die Sinne
Lichterinnerung ein.

Jede Blume verwundet
Vogelrufe dringen
messerscharf
in deine
Einsamkeit.

Gesichter

Leiber geschichtet,
Fracht
dem Tode vermarktet,
vom Sterben
Gesichter.

Ein Mund aber
schließt sich
zum Gebet
vor dem
Gefallenen.

Im Rhythmus der Stadt

Gebete
fluten auf die Fahrdämme,
auf denen Kinder
spielen:
die Stadt feiert Versöhnung
bis zum ersten Stern,
und in einem Riesencrescendo
bricht das große Vergessen,
das Leben,
das schon unter
den Gebetsmänteln
lauerte
und hungrig
nach Geschäften und Betäubung
hastet,
alle Schwüre.

WILHELM BRUNERS NACH- WORT

Wenn ich einmal im Monat die schmale Stiege in der Jerusalemer Bialik-Straße hinaufsteige, betrete ich eine der vielen Inseln, aus denen diese Stadt besteht. Eine deutsch-österreichische Insel. Denn die Gastgeberin, Eva Avi-Yonah, stammt aus Wien und erinnert mich jedes Mal an die späte Käthe Gold, die große Burgtheater-Schauspielerin: Ihre gepflegte Sprache, ihren Akzent, ihr Äußeres, ihren Charme. Mitten im hebräischen Jerusalem, in Bet Hakerem, in dem es sich gut wohnen lässt, wird an diesem Abend nur deutsch gesprochen.
Vor zwölf Jahren hat mich der Kreis deutschschreibender DichterInnen in Jerusalem liebevoll aufgenommen. Ein Kritiker (Jakob Hessing) schrieb nach einer Lesung im Goethe-Institut: »Die absolute Ausnahme auf dem Podium war ein Deutscher, der zudem noch katholischer Priester ist.« – Das spielt literarisch und menschlich keine Rolle. Jede(r) bringt zu den monatlichen Treffen drei, meist neu verfasste Gedichte mit. Nach einem festgelegten Ritual, auf das die Gastgeberin nachdrücklich Wert legt, ist der Abend gestaltet. Sie empfängt uns mit einer selbst gebackenen Wiener Torte. Dann, nach einem kurzen allgemeinen Gespräch, hören wir nacheinander die literarischen Miniaturen. Die Anmerkungen dazu sind kurz und bewegen sich fast ausschließlich im formalen Bereich. Inhaltliche Diskussionen sind eher selten, so dass die Konzentration für alle Texte durchgehend erhalten bleibt.
Ein Abend deutscher Sprache in der jüdischen Neustadt. Auf seine Art und Weise einmalig. Wie lange wird er noch existieren? Eine Frage, die angesichts des hohen Alters der meisten TeilnehmerInnen – etwa zwölf – berechtigt ist.
Das Treffen in der Jerusalemer Weststadt ist für mich ein »heiliger« Termin. Zwingt er doch zur Schreibarbeit, auch wenn vieles später der literarischen Vergänglichkeit anheim gegeben wird. Was mich aber zutiefst bewegt: Menschen, die viele Gründe hätten, die deutsche Sprache zu meiden, pflegen sie in besonderer Weise, sind nie aus dem deutschen Sprachhaus ausgezogen. Ich bin fasziniert, wenn sie »unsere« deutschen Dichter zitieren, deren Worte sie kennen. Auswendig natürlich. Sie haben sie mit in die fremde Heimat genommen. Deren andere Sprache aus der Wurzel ihrer Religion und einer viel längeren Geschichte kommt. Und ihnen doch nicht in die Wiege gesungen wurde. »Ist es nicht wunderbar, dass du als Deutscher und ich als Jüdin hier beieinander sitzen und wir uns einander Gedichte vorlesen?« Es ist wunderbar.
Der Lyris-Kreis zeigt, dass Sprache zusammenführen kann, so sie nicht eingesetzt wird, um Menschen gegeneinander zu treiben. Als deutsche Sprache dazu missbraucht wurde, gingen die meisten von ihnen aus Deutschland und Österreich weg und nahmen eine bessere Erinnerung an die Sprache ihrer Kindheit mit. Kraft dieser Erinnerungen darf ich bei ihnen sein. Dankbar.

Wilhelm Bruners

DIE WEGE NACH PALÄSTINA

DIE BUKOWINA

Die Mitglieder des Lyris-Kreises kommen aus Deutschland, Österreich und der Bukowina.
Das nur ca. 10 500 km² umfassende Gebiet der Bukowina wird von der Moldau, Galizien, Bessarabien und Siebenbürgen umschlossen und hat eine wechselhafte Geschichte hinter sich. Seit dem späten 14. Jahrhundert gehörte die Bukowina zum Fürstentum Moldau und war Teil des Osmanischen Reiches. Erst mit der Unterzeichnung des Vertrages von Konstantinopel am 7. Mai 1775 änderte sich ihre staatliche und kulturelle Zugehörigkeit. Die Bukowina wurde Teil des Habsburgerreiches und 1849 eigenständiges Kronland der österreichischen Monarchie.
In dem Vielvölkerland lebten u. a. Ukrainer, Rumänen, Deutsche, Polen, Ungarn, Slowaken, Tschechen und Armenier. Deutsch wurde zur Staatssprache und damit zur »Sprache der Verwaltung, der Gerichtshöfe, des Schulwesens sowie Sprache aller institutionellen Bereiche des öffentlichen Lebens.«[8]
Die Bukowina erlebte einen Aufschwung auf allen Gebieten. Bis zur Auflösung des Habsburgerreiches im Jahre 1918 hatte sich ein hochstehendes Bildungswesen etabliert. Nach Mähren und Wien (mit Niederösterreich) gehörte sie zu den Ländern mit der höchsten Dichte an Gymnasien und mit dem höchsten Anteil an Hochschulen.[9]
Das geistige und kulturelle Zentrum der Bukowina war die Stadt Czernowitz mit ihrer überwiegend jüdischen Bevölkerung, der unter dem aufgeklärten Kaiser Joseph II. konfessionelle und juristische Gleichstellung gewährt worden war.

Rose Ausländer
Czernowitz
»Geschichte in der Nußschale«

Gestufte Stadt
      im grünen Reifrock
Der Amsel unverfälschtes
      Vokabular

Der Spiegelkarpfen
in Pfeffer versulzt
schwieg in fünf Sprachen

Die Zigeunerin
las unser Schicksal
in den Karten

Schwarz-gelb
Die Kinder der Monarchie
träumten deutsche Kultur

Legenden um den Baal-Schem
Aus Sadagura: die Wunder

Nach dem roten Schachspiel
wechseln die Farben

Der Walache erwacht –
schläft wieder ein
Ein Siebenmeilenstiefel
steht vor seinem Bett –
      flieht
Im Ghetto:
Gott hat abgedankt

Erneutes Fahnenspiel:
Der Hammer schlägt die
      Flucht entzwei
Die Sichel mäht die
      Zeit zu Heu [10]

Ilana Schmueli (Mitglied des Lyris-Kreises, siehe S. 90 ff.) beschreibt Czernowitz als die:

»… kleine, ›Gernegroß‹ - Stadt mit dem österreichisch-slawisch-lateinischen Zauber, mit den vielen Juden, die von überall herkamen und nach überallhin Ausschau hielten. … Die kleine große Stadt bei den Buchenwäldern, im Schatten der Karpaten. Die Provinzmetropole mit ihren anspruchsvollen Straßen und eleganten Fassaden aus der Kaiserzeit, mit den krummen jüdischen Gassen und dem dunklen ›Stilblech‹. Mit den sich aufplusternden kleinbürgerlichen Neureichen, mit den Kommunisten und den Bundisten, den Kapitalisten und den Nationalgardisten, mit den Zionisten aller Strömungen, mit den Gelehrten und Pseudogelehrten, mit den Studenten und den Dichtern, mit der Liebe zu den Büchern und den unendlichen Träumen von Großem und dem Blick nach dem Westen. Mit dem geliebtem, meist verballhornten Deutsch, und mit dem dies alles zusammenzaubernden und.«[11]

Die jüdische Bevölkerung war die wichtigste Stütze der deutschsprachigen Kultur von Czernowitz. Bereits Ende des 19. Jahrhunderts wurden drei Tageszeitungen und mehrere Zeitschriften von jüdischen Journalisten in deutscher Sprache herausgegeben.

Die tiefe Verankerung der deutschsprachigen Kultur unter den Juden der Bukowina zeigte sich, als das Gebiet gleich nach Ende des Ersten Weltkrieges rumänisch geworden war. Alle zentralen Instanzen in den Bereichen Politik, Bildung und Kultur wurden rumänisiert. Deutsch blieb aber bis 1924 zweite Amtssprache. »Die Rumänisierungspolitik konnte die Bedeutung der deutschen Sprache unter den Bukowiner Juden nicht sogleich auslöschen. Ganz offiziell bekannten sich noch bei der Volkszählung von 1930 mehr als 90 000 Personen, d. h. rund 11 Prozent der Bevölkerung der Bukowina, zur deutschen Sprache. Rund 40 Prozent hatten Rumänisch als Muttersprache angegeben, 33 Prozent Ukrainisch, 9 Prozent Jiddisch, 3 Prozent Polnisch.«[12]

Im Zweiten Weltkrieg wurde das Gebiet in einen sowjetischen Nord- und einen rumänischen Südteil geteilt. Die Rote Armee hatte im Juni 1940 –

unten
Titelblatt *Alijah*,
Februar 1936
rechts
Anzeige für
Auswanderer
in *Alijah*

legalisiert durch den Hitler-Stalin Pakt – die nördliche Bukowina und Czernowitz besetzt. Erste Deportationen der jüdischen Bevölkerung fanden sogleich, noch unter russischer Herrschaft, und dann in verstärktem Maße ab Juli 1941 statt, als die mit Hitler verbündeten rumänischen Truppen unter Regierungschef Ion Antonescu zusammen mit den deutschen Truppen das Gebiet zurückeroberten. Im Oktober 1941 wurde das Czernowitzer Ghetto errichtet. Zu dieser Zeit lebten ca. 50 000 Juden in der damals 120 000 Einwohner zählenden Stadt. Antonescu befahl die Zwangsumsiedlung der Juden in Konzentrationslager nach Transnistrien.

Während des Zweiten Weltkrieges wurden in der Bukowina circa 125 000 Juden ermordet.[13]
Nur wenige Juden konnten rechtzeitig vor Kriegsbeginn fliehen. Nach der Befreiung von den Nationalsozialisten und der anschließenden neuen Besetzung durch die Rote Armee am 30. März 1944 gelang einigen die Flucht, oftmals über Bukarest, nach Paris, New York oder aber Palästina.

DEUTSCHLAND

In Deutschland, dem Zentrum und Ausgangspunkt des NS-Terrors, war die jüdische Bevölkerung bereits früh mit dem Nationalsozialismus konfrontiert worden. Und doch weigerten sich viele, das Land zu verlassen. Dies hatte unterschiedlichste Gründe. So verstanden sich die meisten Juden als deutsche Bürger und hofften, dass der »NS-Spuk« bald vorüber sein würde. Der Centralverein deutscher Staatsbürger jüdischen Glaubens beispielsweise, die mitgliederstärkste Organisation der Juden, konnte mit den zionistischen Ideen eines jüdischen Staates wenig anfangen. Man fühlte sich der deutschen Kultur zugehörig und wollte es lange Zeit nicht glauben, dass ihnen in ihrer Heimat staatlich legitimiertes Unrecht angetan werden könnte.

ZIEH AUS

nach Palästina

LIFTVANS · STÜCKGUT
von allen Orten Deutschlands
SAMMELVERKEHR
via Hamburg und Triest
GEPÄCK · LAGERHÄUSER
PAKETE · WARENTRANSPORTE

INTERNATIONALES SPEDITIONS-BUREAU
GEORG SILBERSTEIN & CO.

BERLIN SO 36, Reichenberger Str. 154
Telefon: F8 (Oberbaum) 9191
HAMBURG 8, Asiahaus · Tel. 31 27 51
Vertreter an allen Orten

ZIEH EIN

in Palästina

SILBERSTEIN'S ORIENT TRANSPORT CO. LTD.

TEL-AVIV · P.O.B. 889
Herzl Street 8, Ecke Boulevard Rothschild 8
HAIFA · P.O.B. 689
Labsowsky House, 2nd floor, room 5
New Business Centre

MIT
SILBERSTEIN

3 wichtige Adressen für Ihre Alijah

AMTSGERICHTSRAT a. D.
Dr. ASCHNER
OBERREGIERUNGSRAT a. D.
R. KEMPNER
BERLIN W 15, MEINEKESTRASSE 9
NEBEN DEM PALÄSTINA-AMT
RUF: J1 (BISMARCK) 28 56 / SPRECHZEIT: 9½–13 UHR, 16½–19 UHR

Wir übernehmen für Sie
die **sachgemäße und schleunige**
Durchführung Ihrer Auswanderung:
steuer- und devisenrechtliche Beratung einschl.
Schenkungssteuer u. Reichsfluchtsteuer

die Bearbeitung bei allen Amtsstellen wie:
Auswanderer-Beratungsstelle,
Devisenstelle
Reichsbank
Britischem Konsulat
Palästinaamt

Liquidation u. bestmöglichste Verwertung der Vermögen
die Verwaltung und Verwendung
der Sperrguthaben, Tauschobjekte
Ausarbeitung von Palästina-Projekten, Transferfragen
Visabesorgung, auch für Touristen, nach allen Ländern
Gutachten in Staatlosen-
und Paß-Angelegenheiten

Eigene Repräsentanzen
in Palästina:

Dr. SCHNURMACHER
ACCOUNTANT AND FINANCIAL ADVISER
Früher Devisenberater in Berlin

Kapital-Transfer
Anlage-Beratung

HAIFA, Business Centre
Hamisrachistreet, House of
Jewish Chamber of Commerce

P. O. B. 266
Telephon 197
Bürostunden 4—5

Dr. iur. W. MARX
Transferprojekte
Beschaffung und Durchführung

Wirtschaftsberatung
gemäß
palästinensischem Recht

Gründungen
Beteiligungen

Tel-Aviv
18, Schalom Aleichemstr.
Ecke Ben Jehuda Road

links
Anzeige für
Auswanderer
in *Alijah*

Noch bis zum Novemberpogrom 1938 waren viele deutsche Juden davon überzeugt, dass sich die Situation ändern und der Rechtsstaat wiederhergestellt werden würde. Ein Ausschnitt aus dem Appell der Repräsentanten der deutschen Juden vom 29. März 1933 an Reichskanzler Hitler macht die Kränkung und stille Hoffnung auf Gerechtigkeit deutlich. In den Tagen vor dem Boykottaufruf der NSDAP zum 1. April 1933, an dem jüdische Geschäfte nicht besucht, jüdische Ärzte und Anwälte bestreikt und der Besuch der Schulen und der Universitäten für Juden verhindert werden sollten, wollte man mit dem Appell an die Juden erinnern, die im Ersten Weltkrieg für Deutschland gekämpft hatten und gefallen waren. Der Aufruf schloss mit den Worten:

»Wir rufen dem deutschen Volke, dem Gerechtigkeit stets höchste Tugend war, zu: Der Vorwurf, unser Volk geschädigt zu haben, berührt aufs Tiefste unsere Ehre. ... Wir vertrauen auf den Herrn Reichspräsidenten und auf die Reichsregierung, daß sie uns Recht und Lebensmöglichkeit in unserem deutschen Vaterlande nicht nehmen lassen werden. Wir wiederholen in dieser Stunde das Bekenntnis unserer Zugehörigkeit zum deutschen Volke, an dessen Erneuerung und Aufstieg mitzuarbeiten unsere heiligste Pflicht, unser Recht und unser sehnlichster Wunsch ist.«[14]

So wundert es nicht, dass sich viele Juden wegen ihrer tiefen Heimatverbundenheit erst sehr spät mit den Auswanderungsformalitäten vertraut machten. Oft war es auch die Sorge um ältere Verwandte oder finanzielle Ängste, die ein rechtzeitiges Fortgehen verhindert hatten. War die Entscheidung für eine Auswanderung gefallen, stand man vor neuen Problemen. Walter Laqueur, der 1938 nach Palästina ausgewandert war, beschrieb den Papierkrieg, den der Auswanderungswillige zu bewältigen hatte:
»... daß kein Land der Welt auf die Juden wartete. Die Worte aber, die in aller Munde waren und die ganze Epoche in meiner Erinnerung kennzeichnen, waren ›Umschichtung‹, ›Existenz‹ (auch ›Existenz schaffen‹ und ›gesicherte Existenz‹), ›Leumundszeugnis‹, ›Hachscharah‹ (Vorbereitung für Palästina), ›Gesundheitsattest‹, ›Unbedenklichkeitserklärung‹, ›Bordgeld‹, ›Zertifikat‹ (Einreiseerlaubnis nach Palästina), ›Affidavit‹

(Vorbedingungen für das amerikanische Visum), ›Chamada‹ (dasselbe für Brasilien) und noch einiges mehr. Hinzu kamen die vielen neuen Abkürzungen wie JCA [Jewish Colonization Association: Interterritoriale Siedlungsorganisation], HIAS [Hebrew Sheltering and Immigrant Aid Society of America: Hilfsorganisation, die die Beschaffung von Affidavits unterstützte], HICEM [Auswanderungsvereinigung der HIAS und JCA zur Regelung der Auswanderung und wirtschaftlichen Betreuung jüdischer Einwanderer], Altreu [Allgemeine Treuhandstelle für die jüdische Auswanderung GmbH, Berlin] und dergleichen, die nun plötzlich von entscheidender Wichtigkeit waren. All das schien merkwürdig und ein bisschen komisch; wie sich jedoch bald zeigen sollte, waren die Zertifikate, die Affidavits und die Chamadas eine Frage von Leben und Tod.«[15]

1938 bot ein Handbuch für die jüdische Auswanderung, der PHILO-Atlas, sachkundige Hilfestellungen. Mit allgemeinen Informationen, ausführlichen Auslands- und Inlandsadressen, bis hin zu Umrechnungstabellen und Visa-Fragen wurde der PHILO-Atlas zu einem lebensrettenden Nachschlagewerk. Als letzte zugelassene Publikation des Philo Verlages durfte er – obwohl ab dem 31. Dezember 1938 jegliche Aktivitäten des jüdischen Buchhandels verboten worden waren – noch bis 1941 erscheinen, weil die NS-Behörden ein Interesse daran hatten, die Juden zur Auswanderung zu bewegen.[16]

DIE FÜNFTE ALIJAH

Die zahlenmäßig größte Einwanderungswelle mitteleuropäischer Einwanderer nach Palästina war die so genannte fünfte Alijah.
Das hebräische Wort Alijah steht für Aufstieg. Es bedeutet das Aufgerufenwerden zur Thoravorlesung und bezeichnet den Aufstieg zum Jerusalemer Tempel während der Pilgerfeste. Wer also nach Palästina ging, der stieg im bildlichen Sinne auf und baute mit an der so genannten jüdischen Heimstätte. Er sollte kein Exilant sein, sondern ein Heimkehrer, der mithalf, die Jahrhunderte währende Diaspora zu beenden. Das Wort Jeridah

dagegen, das Auswanderung heißt, bedeutet Abstieg und ist stark negativ besetzt. Aus Israel wieder auszuwandern, ist auch heute noch für jeden Zionisten unvorstellbar.

Um einen bewussten »Aufstieg«, eine gewünschte Immigration handelte es sich bei der fünften Alijah, die die Jahre von 1933 bis 1948 umfasste, jedoch nicht. Der Anstoß für die Menschen, ihre Heimat zu verlassen, kam von außen. Vor dem NS-Terror flohen in dieser Zeit rund 90 000 Menschen aus Deutschland, Österreich, Rumänien und der Tschechoslowakei nach Palästina. Dies waren bei einer Gesamtzahl von über 1,1 Millionen Juden in den Herkunftsländern rund acht Prozent.

Die Einwanderung nach Palästina erwies sich als besonders schwierig: Nicht nur die ungewisse Situation im Land, sondern bereits das Problem der Einwanderungserlaubnis stellte eine nur schwer zu überwindende Hürde dar. Palästina unterstand der englischen Mandatsherrschaft, die eine restriktive Einwanderungspolitik betrieb.[17]

Die Bevölkerung Palästinas bestand mehrheitlich aus moslemischen und christlichen Arabern. Immer wieder kam es zu Aufständen gegen die jüdischen Einwanderer. Parallel zum zionistischen Aufbau von Erez Israel wuchs eine palästinensische Nationalbewegung, die mit zunehmendem Druck radikaler wurde und schließlich 1936 zum Generalstreik und Beginn des bewaffneten Kampfes führte.

Alexander Flores schrieb über die Hintergründe: »Die Radikalisierung der Nationalbewegung auf verschiedenen Ebenen hatte ihre Ursache in der Entwicklung der jüdischen ›nationalen Heimstätte‹, die in den Jahren 1933 bis 1935 für die Araber bedrohliche Ausmaße annahm. In diesen Jahren wanderten 134 540 Juden nach Palästina ein, im selben Zeitraum gingen 172 010 Dunum [1 metrischer Dunum = 1000 m^2] Boden aus arabischen in jüdische Hände über – beide Zahlen überstiegen bei weitem den Durchschnitt. Weil der Boden verkaufswilliger arabischer Großgrundbesitzer weitgehend erschöpft war, erwarben die Juden verstärkt Land von kleineren Besitzern, die durch nackte Not zum Verkauf gezwungen waren. Die große Zahl der Neueinwanderer verstärkte den Druck auf den Arbeitsmarkt; die Histraduth[18] forcierte die Verdrängung arabischer Arbeitskräfte, wo sie nur konnte. All dies machte der arabischen Bevölkerung die Gefahr, die ihr vom Zionismus drohte, sehr klar.«[19]

EIN ZERTIFIKAT FÜR PALÄSTINA

Nach den ersten arabischen Aufständen machten die Engländer die weitere Einwanderung von der wirtschaftlichen Situation des Landes abhängig. Es gab verschiedene Kategorien der Einwanderungszertifikate. Am häufigsten wurde das so genannte Kapitalistenvisum benutzt: Mit einem Vermögen von mehr als 1000 Pfund Sterling [20] konnte man ohne Probleme einwandern.

Im PHILO-Atlas werden die Personengruppen aufgelistet, die offiziell nach Palästina einwandern durften: [21]

Kategorie A: Personen mit eigenem Vermögen	
A 1: Kapitalisten m. Eigenkapital v. LP 1000, davon mindestens 50 % in bar.	⊁ Pal-Amt übernimmt Bearbeitung u. Weiterleitung.
A 2: Angehörige freier Berufe m. LP 500 bar, soweit wirtschaftl. Lage nach Ansicht d. Immigration Department Einwanderung rechtfertigt.	Anträge dieser Kategorie werden nur selten genehmigt.
A 3: Handwerker m. mindestens LP 250 bar (Handwerkszeug u. Maschinen können teilweise angerechnet werden) nach Wirtschaftslage (⊁ A 2).	Anträge können durch ⊁ Pal-Amt gestellt werden. Antragsteller muß mindestens 4 Jahre handwerklich tätig gewesen sein.
A 4: Rentenempfänger m. Mindestrente von LP 4 monatlich.	Visumerteilung nach Rückfrage bei d. Pal.-Regierung, sofern Rente transferierbar.
A 5: Personen, d. einen „seltenen", im Lande wenig vertretenen Beruf ausüben, m. Kapital v. mindestens LP 500.	Anträge sind durch Brit. Passport Control Office (s.o.) an d. Pal.-Regierung zu richten. Genehmigung äußerst selten.
Kategorie B: Personen m. gesichertem Lebensunterhalt	
B 1: Waisenkinder unter 16 Jahren, deren Lebensunterhalt durch öffentl. Institutionen gesichert ist.	Anträge an d. Pal.-Regierung durch Vermittlung d. erhaltenden Institution.
B 2: Personen religiöser Berufe.	Anträge wie B 1.
B 3: Studenten u. Schüler, deren Lebensunterhalt bis zur Berufsausübung gesichert ist.	Anträge durch Schulen d. ⊁ Jewish Agency in Pal. od. direkt bei d. Pal.-Regierung.

Kategorie C: Arbeiterzertifikate (Schedule)

Für Arbeiter zwischen 18 u. 35 (evtl. 45) Jahren. Zahl (sog. Arbeiter-Schedule) bestimmt zweimal jährlich Pal.-Regierung. Verteilung durch ⊦ Jewish Agency. Verteilung innerhalb d. Länder durch bes. bei d. Pal.-Ämtern bestehende Kommissionen meist f. Chaluzim, Landwirte, Handwerker (hebr. Kenntnisse wichtig). Bestätigung durch Brit. Passport Control Office.

Kategorie D: Anforderung

D 1: Ehefrauen, Kinder, Eltern (selten auch entferntere Angehörige) erhalten Einwanderungserlaubnis, wenn ihre sie anfordernden, in Pal. ansässigen Angehörigen nachweislich f. ihren Unterhalt sorgen können. Als Nachweis dienen genügend großes Kapital od. folgende Monatsbeträge pro Person: f. Personen bis zu 2 Jahren: LP 1,50; bis zu 6: LP 2; über 6: LP 3 (Abschläge bis 10 % f. 5köpfige, v. 15 % f. über 5köpfige Familien). Anträge sind f. Ehefrauen u. Kinder unter 18 Jahren an Pal.-Regierung in Jerusalem, Haifa od. Jaffa, f. andere Angehörige nur nach Jerusalem zu richten.

D 2: Unternehmer können in Ausnahmefällen Spezialarbeiter anfordern. Gesuch muß v. ihnen an d. Immigration Department d. Pal.-Regierung gerichtet werden.

Kategorie Jugendalija

Für Jugendliche zwischen 15 u. 17 Jahren steht eine Anzahl Sonderzertifikate d. Pal.-Regierung zur Verfügung. Verteilung durch Jewish Agency. ⊦ Jugendalija.

(Einzelheiten in d. v. Pal-Amt, Berlin W 15, Meinekestr. 10 herausgegebenen Heft: Bestimmungen über d. Einwanderung nach Pal.)

Transfer: Grundsätzlich allgemeine Vorschriften, daneben bes. Transferverfahren (Mitwirkung d. ⊦ Paltreu) f. d. Auswanderung v. in Dt. ansässigen J, in Ausnahmefällen auch f. J, d. sich bereits in einem dritten Ausland befinden. Vorzeigegeld-Transfer nach Genehmigung d. ⊦ Devisenstelle über Reichsbank u. Paltreu; rangsicherndes Vormerksystem. Vorzeigegeld nur f. Personen v. 16–55 Jahren, bei Personen bis 60 bzw. 65 Jahre m. Aufbaubescheinigung d. Pal.-Amts Berlin. Soweit Vorzeigegeld nicht in Anspruch genommen werden kann od. f. Beträge bis insgesamt RM 50000 einschl. etwaigen Vorzeigegeldes kann über Sonderkonto I d. ⊦ Haavara bei d. Bank d. Tempel-Gesellschaft in Jaffa transferiert werden. Beschleunigte Abwicklung v. Zeit zu Zeit durch sog. Sondertransfer, mitunter auch durch sog. Eigentransfer möglich. Überweisung v. Schulgeldern, Unterstützungen, Renten, Kosten f. Informationsreisen u. Zahlung f. gemeinnützige Zwecke über Sonderkonto I. Sonderkonto II war früher f. Transfer ohne Auswanderung vorgesehen, jetzt geschlossen.

Für Ausreisungswillige, die nicht mit einem Kapitalistenvisa nach Palästina kommen konnten, gab es spezielle Vorbereitungsprogramme, die so genannten Hachscharahprogramme. Hachscharah bedeutet Ertüchtigung: Mit Hilfe von beruflichen Umschulungen und einer zionistischen Grundausbildung sollten die Neueinwanderer auf das Land eingestimmt werden. Die Anwärter waren zwischen 18 und 35 Jahre alt und wurden für Berufe in der Landwirtschaft und im Handwerk geschult. Sie erhielten Hebräischunterricht und lernten die Grundlagen des Zionismus. Die Durchführung der Umschulung unterlag der Organisation Hechaluz (Der Pionier).
Die Hechaluz verfolgte das Ziel, möglichst vielen Juden eine schnellere Einwanderung nach Palästina zu ermöglichen. Die Entscheidung, wer ein Einreisezertifikat erhielt und wer nicht, war von der Jewish Agency abhängig. Laut Tom Segev »... ignorierten die Zionisten der Jewish Agency nicht Leid und Sorgen der europäischen Juden und sprachen untereinander von Zeit zu Zeit davon, dass man die Einwanderungsgenehmigungen auch an notleidende Menschen ausgeben müsse, die keinen Gewinn für das zionistische Projekt bedeuteten; doch wenn es dann um die tatsächliche Auswahl der Immigranten ging, dachten die Zionisten in erster Linie daran, wie sie am besten den Erfordernissen der neuen Gesellschaft gerecht werden könnten. Die idealen Siedler waren folglich die ›Pioniere‹ oder Haluzim, also diejenigen, die beim Aufbau neuer landwirtschaftlich ausgerichteter Siedlungen halfen oder sich bestehenden anschlossen.«[22]

Das Eingehen einer Scheinhochzeit war eine weitere Möglichkeit, an ein Ausreisezertifikat zu kommen. Da ein Zertifikat für die Einreise eines Ehepaares genügte, versuchten viele, mit Hilfe einer Scheinehe nach Palästina zu kommen.

Eine spezielle Einwanderungsbewegung für die Jugendlichen war die Jugend-Alijah, die von Recha Freier initiiert und organisiert wurde. Recha Freier, 1893 in Norden/Ostfriesland geboren und mit dem Berliner Rabbiner Moritz Freier verheiratet, erkannte früh die Gefahr der Nationalsozialisten und drängte darauf, Kinder und Jugendliche schnellstens außer Landes zu bringen. Bereits am 12. Oktober 1932 konnte sie eine erste

Gruppe Jugendlicher von Berlin nach Palästina schicken. 1933 wurde das Projekt unter der Gesamtverantwortung der Leiterin der Sozialarbeitsabteilung der Jewish Agency, Henrietta Szold, weitergeführt und vom zionistischen Weltkongress unterstützt.
Bis 1935 konnten die 15- bis 17-jährigen Jugendlichen von ihren Betreuern aus Deutschland begleitet werden. Ihnen wurden besondere Zertifikate von der Mandatsregierung gewährt, die zur Bedingung hatten, dass ihre Unterbringung und die Ausbildungskosten für zwei Jahre gesichert waren.[23]

1938 wurde das Zentralbüro der Jugend-Alijah in Berlin von den Nationalsozialisten geschlossen. Lediglich Kinder und Jugendliche aus Österreich und der Tschechoslowakei konnten noch mit ihrer Hilfe gerettet werden. Zwischen 1934 und 1939 wurden 3262 Jungen und Mädchen aus Deutschland und aus europäischen Transitländern mit Hilfe der Jugendalijah nach Palästina gebracht.

In den Jahren von 1933 bis 1936 erreichten jährlich ca. 10 000 Flüchtlinge das Land. Zwischen 1937 und 1938 ebbte die Einwanderung wegen der arabischen Aufstände ab, stieg dann aber nach der so genannten Reichspogromnacht 1938 und mit zunehmender Kriegsgefahr wieder an.
Die großen Auseinandersetzungen des Jahres 1936 zwischen der arabischen und der jüdischen Bevölkerung hatten im Mai 1939 das so genannte Weißbuch der britischen Regierung zur Folge: Der Teilungsplan der Peel-Kommission von 1937[24] wurde zurückgenommen, die Unabhängigkeit Palästinas in den nächsten zehn Jahren angestrebt und die jüdische Einwanderung und der Landerwerb wurden stark begrenzt. Es kamen jedoch immer wieder Schiffe mit illegalen Flüchtlingen an Land, die mit

Anzeige: Palästina-Aussteuern, aus: *Alijah*, Informationen für Palästina-Auswanderer, Berlin 1936

Anstehen für die Auswanderung nach Palästina im Januar 1939, Berlin

Hilfe des Jischuws vor den Engländern versteckt wurden. Durch diese Aktionen konnten viele Juden gerettet werden. Gleichzeitig verschlimmerte sich die Situation der arabischen Bevölkerung.

Die Gestapo unterstützte von Beginn an und auch noch nach Ausbruch des Krieges die illegale Einwanderung nach Palästina. »Die Gestapo tat dies, um einerseits die jüdische Auswanderung zu beschleunigen und andererseits die britische Regierung in Schwierigkeiten zu bringen: eine willkommene Gelegenheit, Zwietracht zwischen Arabern, Briten und Juden zu erzeugen.«[25] Dramatische Szenen spielten sich ab, wenn ein Schiff frühzeitig entdeckt worden war und von den Engländern beschlagnahmt wurde. Den Flüchtlingen wurde die Einreise nicht gewährt. Unzählige illegale Einwanderer wurden gefasst und in Internierungslager gebracht.

Das endgültige Verbot der Auswanderung aus den deutschen und von Deutschland besetzten Ländern erfolgte am 23. Oktober 1941. Dennoch erreichten bis zur Staatsgründung am 14. Mai 1948 rund 140 Schiffe mit insgesamt über 100 000 Maapalim (Illegalen) das Land.

ANKUNFT IN PALÄSTINA

Die Ankunft und Eingewöhnung in Palästina war für viele Juden aus dem deutschsprachigem Raum ein schwerer und schmerzvoller Prozess. Auswanderung bedeutete Trennung von Familie, Freunden und eine Änderung des bisherigen Lebensstandards. Ein finanzieller und beruflicher Abstieg war meistens unumgänglich. In Palästina brauchte man dringend Arbeiter und Landwirte, nicht aber Akademiker und Künstler.

Für die meisten Einwanderer gab es in ihrem ursprünglichen Beruf keine entsprechenden Arbeitsmöglichkeiten und sie waren gezwungen, ein völlig neues Leben zu beginnen. Vom Literaturprofessor zum Bauarbeiter »umzuschichten« [26], wurde nicht selten mit Spott begleitet. Zahlreiche Jeckes-Witze dokumentieren den schwierigen Weg der deutschsprachigen Einwanderer, wie beispielsweise der von einer Baustelle in Tel Aviv, »… von der während der Arbeit ein sonderbares Gemurmel ausgeht. Hört man näher hin, so erkennt man, dass die Männer in Arbeiterkleidung, die sich in einer Kette Ziegel zureichen, unaufhörlich ›Bitte schön, Herr Doktor‹, ›Danke schön, Herr Doktor‹ sagen.« [27]

Im Hafen von Jaffa, 1933

»Kommst du aus Überzeugung oder kommst du aus Deutschland?«, war einer der bekanntesten Witze jener Zeit in Palästina. Die Einwanderer aus Deutschland wurden als »Jeckes« bezeichnet. Es gibt mehrere Erklärungen für die Herkunft des Wortes. Das Wort »Jecke« leitet sich aus dem Hebräischen von »Jehudi kasheh havanah« ab, was soviel bedeutet wie »ein Jude, der nichts vom Judentum versteht«. Andere leiten das Wort von Jacke bzw. Jackett ab, da die Deutschen – daran gewöhnt, mit Jackett aus dem Haus zu treten – ihr Kleidungsstück auch bei größter Hitze nicht ablegen wollten. Der Begriff wurde lange Zeit als Beleidigung aufgefasst. [28]

Die Eingewöhnung wurde zusätzlich dadurch erschwert, dass damals in Palästina hauptsächlich Juden aus den östlichen Ländern lebten. Die meisten deutschsprachigen Juden hatten sich in Europa von den Ostjuden bewusst distanziert. Nun waren sie plötzlich von deren Gunst abhängig.

אוקבה
OKAVA

LUXUS   זהב

אין כמוהו
THERE'S NONE BETTER
UNVERGLEICHLICH

BETTEN-STRAUSS

Allenbystr.   Ecke Jona Hanavistr.

Fachgeschäft
eigene Fabrikation
MOEBEL JEDER ART.
GROESSTES LAGER

Geschmackvolle Anfertigung nach Wunsch.
Sorgfältige pünktliche Bedienung.

ARJEH NEUMANN
TEL-AVIV   ALLENBY 72.

"EMAN"   VERMITTLUNGSBUERO
fuer Geschaefte, Wohnungen
Fabriken, Teilhaberschaften
TEL-AVIV, Lillenblumstr. 24, im Hause Café Schor, Zim. 7
Streng reelle Bedienung.

"ROTSCHILD"
Tel-Aviv, Allenbystr. 93

Möbelstoffe
Gardinen

Spezialität: Tozereth Haarez

Wanzen und Schwaben
brauchen Sie auch in Palästina nicht in Ihrer
Wohnung haben. — Lange dauernde Wirkung.
Keine gefährlichen Gifte. — Beste Referenzen.
Kammerjaeger H. ASCH, Jerusalem,
Abessynian Strasse 134.

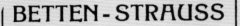

אחים הללו
עבודות צביעות ותפאורות
רח' שינקין 78   תל-אביב

GEBRÜDER HALLO
MALERMEISTER
Gegründet 1816 in Kassel
Tel-Aviv, Shenkin Str. 78

BERATUNG
in allen Fragen der Innenarchitektur.

Entwürfe fuer Wohnungseinrichtungen
und Einzelmoebel. Ladenausbauten.

Uebernahme der compl. Lieferungen.

Qualitativ gute und preiswerte Durchfuehrung aller Auftraege.

Martin Freimann, Architekt
(frueher in Firma Freimann und Kreiser, Berlin)
TEL-AVIV ———————— Pinskerstr. 4.

En gros   En detail

Stahlrohrmöbel

kaufen Sie am vorteilhaftesten bei

**REHITE PLEDA
DEUTSCHER & Co.**
Tapezierer und Decorateur.

HAIFA,
Hadar Hakarmel, Herzlstr. 45, neben der Post.

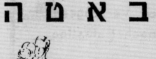

באטה

לרקודים
ונשפים
FOR DANCING
AND EVENING

אז' 39.—

קטיפה שחורה עם בוקל
BLACK VELVET WITH BUCLE

אז' 39.—

6865-42
קטיפה שחורה או קרפ מונגול
BLACK VELVET OR CREPE-MONGOL

Die Hausfrau liest Bücher
behaglich im Sessel,
da Kessem für sie
wäscht die Wäsche im Kessel

KESSEM ist ein selbsttätiges chlorfreies Waschmittel, das den klimatischen Verhältnissen Palästinas speziell angepasst ist und die Wäsche schneeweiss macht

Durch den in heissem Wasser freiwerdenden aktiven Sauerstoff
wird die Wäsche gleichzeitig desinfiziert

KESSEM IST EIN **SHEMEN** ERZEUGNIS

Auch das Problem der fremden Sprache erschwerte die
Eingewöhnung. Besonders die Älteren konnten sich mit der
neuen Sprache Hebräisch nicht anfreunden. Die meisten
Einwanderer unterhielten sich weiterhin in ihrer Muttersprache. Ihre Kinder wuchsen zweisprachig auf und erst die
Enkel waren der deutschen Sprache meist nicht mehr
mächtig. Auch wenn das Erlernen der hebräischen Sprache
zweifellos als wichtig und notwendig betrachtet wurde,
suchten sich viele Jeckes deutschsprachige Nischen.
Um den Einwanderern die Ankunft zu erleichtern, gründeten
der in Tel Aviv lebende Arzt Dr. Ernst Levi und sein Kollege
Theodor Zlocisti 1932 eine »Vereinigung der Einwanderer
aus Deutschland«, die Hitachduth Olei Germania (HOG).
Zählten 1932 erst 30 Mitglieder zu der Vereinigung, so war
ihre Mitgliederzahl 1933 bereits auf 250 angewachsen.
Die Aufgabe der HOG bestand darin, den Neueinwanderern organisatorische und praktische Hilfestellungen zu
geben. Man legte Wert darauf, nicht als landsmannschaftliche Vereinigung zu gelten. In Palästina sollte eine sprachlich
und kulturell einheitliche Gesellschaft entstehen, landsmannschaftliche Bewegungen waren daher grundsätzlich nicht
gerne gesehen.

Die HOG war für alle wichtigen Belange der Einwanderer
da, sie bemühte sich um finanzielle Eingliederungshilfen und organisierte
Hebräischkurse. 1933 baute die HOG einen Hafendienst in Haifa und
Jaffa auf, um die Einwanderer empfangen zu können.
Hierzu Michael Volkmann: »Hinzu kamen Arbeits- und Wohnungsvermittlung, die Schaffung von Einwandererheimen und Ansiedlungsmöglichkeiten, juristische Beratung und rasch anwachsende kulturelle Arbeit, die
als wesentliches Element die Erwachsenenbildung einschloss. Weitere
Tätigkeitsbereiche der HOG wurden die Organisierung des Transfers
jüdischen Eigentums und Kapitals aus Deutschland und dessen Investition
in Palästina, soziale Fürsorge, Aktivierung gegenseitiger Hilfe, Erziehungsberatung, berufliche Ausbildung und Umschichtung, Darlehensgewährung,

links
Anzeigen aus
verschiedenen
Ausgaben des
Mitteilungsblattes
unten
Kleiner Sprachkurs
im *Mitteilungsblatt*

unten
Informationen aus dem *Mitteilungsblatt*, Sept. 1933

rechts oben
Erste Ausgabe des *Mitteilungsblattes*, März 1933

rechts unten
Stellenanzeigen im *Mitteilungsblatt*, Sept. 1933

Veranstaltungen der
Kultur-Kommission der Hitachduth Olej Germania
Tel Aviv.

1. Hebräische Sprachkurse für Erwachsene und Kinder
Kurse für Anfänger und Fortgeschrittene 5 mal wöchentlich.

2. Palästinakunde (in deutscher Sprache)
Jeden Sonntag abend, 9–10 Uhr R'chow Hajarkon. Jeder Vortrag behandelt ein Einzelthema.
Leiter: Herr Braslawski

3. Chug Ivri für Hebräischsprechende
Jeden Montag abend 9–10 Uhr R'chow Hayarkon 107. Leiter: Herr Nachum Lewin.

4. Gruppen für Kinder und Jugendliche von 10-16 Jahren
zur leichteren Erlernung der hebräischen Sprache und schnelleren Einordnung (Wanderungen, Heimabende etc.)

Auskunft erteilt die
Kultur-Commission der Hitachduth Olej Germania
R'chow Lilienblum 26 Ecke R'chow Herzl
täglich: 4–5 Uhr   Leiter: Herr Nachum Lewin.

Einbürgerungshilfen, Förderung der landwirtschaftlichen Ansiedlung durch Schaffung neuer mittelständischer Siedlungen und Veröffentlichung einer eigenen Schriftenreihe. Später kam die Einrichtung von Altenheimen und der Kampf für die ›Wiedergutmachung‹ im Interesse der Einwanderer hinzu.«[29]

Im September 1932 erschien – noch als vervielfältigtes Typoskript – das *Mitteilungsblatt* (MB), das von der HOG herausgegeben wurde und bis heute vertrieben wird. Mitte März und Mitte September 1933 erschienen die ersten gedruckten Ausgaben. Die Erscheinungsweise stieg mit den Jahren von einem Monatsblatt 1933 auf ein Wochenblatt 1939 an.

Die für die österreichischen Einwanderer gegründete Hitachduth Olej Austria (HOA) schloss sich 1938 mit der HOG zur Hitachduth Olej Germania we Olej Austria (HOGOA) zusammen. 1942 spaltete sich die HOGOA in eine politische Vertretung, die Alijah Chadasha, und in die Organisation der Einwanderer aus Mitteleuropa, die IOME. Zusammen mit der Hitachduth Olej Czechoslovakia und der Hitachduth Olej Bukowina führte sie die Arbeit der HOGOA weiter.

Die Alijah Chadascha, die Neue Einwanderung, machte von 1942 bis 1948 Parteipolitik. Ihr Vorsitzender Felix Rosenblüth sah die Organisation als einen überparteilichen Verband an, weshalb es kein klassisches Parteiprogramm gegeben hat. Man sah sich als Sprachrohr der deutschsprachigen Einwanderer und vertrat eine aufklärerische, bürgerlich liberale Philosophie. Mit den sozialistisch-zionistischen Gesellschaftsvorstellungen des

MITTEILUNGSBLATT
DER HITACHDUTH OLEI GERMANIA TEL-AVIV

Telefon 127. Tel-Aviv, Mitte März 1933. Allenby str. 106.

Unsere Aufgabe
von Dr. GUSTAV KROJANKER, Tel Aviv.

Wir stellen dieser Nummer unseres Mitteilungsblattes, das von nun an in regelmässiger Folge erscheinen soll, einige Sätze über das zentrale Ziel unserer Arbeit voraus.

Unser Recht zu einem landsmannschaftlichen Zusammenschluss in Erez Israel, das doch dazu bestimmt ist, die Bindungen der Herkunftsländer in der Einheit eines neuen Jischuw aufzulösen, leitet sich lediglich aus der praktischen Aufgabe her, neu einwandernden Menschen aus deutschsprechenden Ländern den Übergang zu ermöglichen oder zu erleichtern. Erfahrungsgemäss sind zentrale Institutionen dazu nicht so in der Lage wie eine besondere Gruppe, die aus ähnlichen Bedingungen gekommen ist und deshalb den Bedürfnissen der zur Übersiedlung Entschlossenen oder der Übersiedelnden viel individueller entsprechen kann. Unsere bisherige Arbeit, über die der nachstehende Tätigkeitsbericht des Vorstandes Mitteilung macht, beweist die Notwendigkeit unserer Organisation.

Aber sie kann ihrer Aufgabe nur gerecht werden, wenn ein immer weiterer Kreis von Mitgliedern sich bereit findet, die Tätigkeit der Wenigen, die sie bis jetzt auf sich genommen haben, aktiv zu unterstützen, und das Mitteilungsblatt soll dazu dienen, nun einen wirklich lebendigeren Kontakt herzustellen zwischen dem Vorstand, also sozusagen den aktiv ausführenden Mitgliedern und denen, die es werden sollen.

Wir befassen uns in dieser Nummer mit zwei Arbeitsgebieten von aktuellem Interesse. Wir geben einmal Anregung und praktische Möglichkeiten zur Erlernung des Hebräischen. Der gegenwärtige Zustand, nach dem nur ein Teil unserer Mitglieder des Hebräischen wirklich mächtig ist, muss überwunden werden. Diese Aufgabe steht im engsten Zusammenhang mit unserem Ziel der sowohl praktischen wie ideellen Verwurzelung des deutschsprechenden Menschen in den Jischuw. Der zweite Bezirk umfasst die wirtschaftlichen Möglichkeiten der Eingliederung. Wir bringen hier diese Anfragen und Angebote aus unserem Einlauf, von denen wir annehmen, dass sie für beide Teile, für den schon Sesshaften und für den noch Suchenden, gleichermassen von Nutzen sein können. Die Fruchtbarkeit unserer Arbeit wird von der Aufnahme dieser unserer Mitteilungen abhängig sein.

HOG Haifa

Stellenangebote

Koch
erstklassig, wird gesucht.

Sperrholzfachmann
für eine zu gründende Fabrik wird gesucht.

Stellengesuche

Köchin
speziell in Massenküche, jahrelange Erfahrung mit Zeugnissen sucht Arbeit.

Hilfskoch
Bedingung koscher, sucht Arbeit.

Chemische und medizinische Laborantin
und Röntgenschwester sucht Arbeit.

Haushalt
Erstklassige Stütze sucht Stelle in privatem Haushalt.

Gärtner
In allem ausgebildet sucht Arbeit als Hausgärtner möglichst mit Wohnung (Frau und 2 Kinder).

Zinkograph
und Klischeefachmann sucht Arbeit.

Schneiderin
mit Gesellinnen- und Zuschneiderprüfung sucht Arbeit.

Putzmacherin
Gelernte Putzmacherin sucht Stellung als Hutdirektrice evtl. Sozietät. Ware und etwas Geld vorhanden. Spricht Hebräisch.

Fürsorgerin
und Kindergärtnerin in Wien ausgebildet sucht Anstellung.

Kaufmännischer Angestellter
sucht Stellung (Buchhaltung, Kassierer).

Radiumfachmann
(Physiker-Chemiker) mit vieljähriger Erfahrung in Deutschland sucht Stellung als physikalisch-therapeutischer Assistent.

HOG Tel-Aviv

Freie Arbeitsstellen für Männer

Qualifizierte Werkzeugmacher und Dreher
Verzinker
Aluminiumdreher
Mechaniker für Reparaturwerkstätte für Fahrräder und Motorräder, etwas Kapital nötig
Fahrradmonteur mit langjähriger Praxis und Kapital: 100—150 £.
Strichätzer für Zinkographie
Graveure und Presser
Maschinist für Tischlereimaschinen
Scharnier- und Stanzarbeiter
Verzinker, der in Schwerindustrie gearbeitet hat
Lehrlinge für Eisengiesserei
Dampfkesselarbeiter für Spritfabrik
Elektrotechniker für Taschenbatterienfabrik in Beyrouth, chemische Kenntnisse nötig
Erfahrene Fachleute für Taschenlampenbatterien Fabrik
Kinovorführer
Autoschlosser und Autoelektriker mit Kapital von ca. 100 LP.
Chauffeur mit 270 LP. Kapital für Eintritt in Chauffeurkooperat.
Tapezierer
Polsterer
Sattler
Tischler, besonders für Furnierarbeiten
Glasschneider
Glasätzer
Schuhmacher
Schuhmacherlehrling in der Kolonie
Techniker für Schuhfabrikation
Orthopädische Schuhmacher
Buchdrucker für Rotationspresse
Offsetdrucker
Mehrere mechanische Webstuhlmeister und Webereitechniker für Seide- und Strumpfwebereien (Flach Koton Kändermaschine und Kettenstühle)

Bauhaus-Architektur in Tel Aviv. Ort wurde von Jeckes »Potsdamer Platz« genannt. Gebaut in den 40er Jahren, aufgenommen 1982

Jischuw verband sie wenig. Von den Erlebnissen im eigenen Land geprägt, wandte man sich gegen Extremismus und überzogenen Nationalismus und forderte die Respektierung der arabischen Rechte. Statt gegeneinander zu kämpfen, sollten Kooperation und gegenseitige Toleranz gefördert werden.

Die Partei hatte zwar in ihren Anfängen erstaunliche Erfolge zu verzeichnen – so ging sie beispielsweise aus den Stadtparlamentswahlen 1942 in Haifa als zweitstärkste Partei hervor –, sie konnte jedoch keine Breitenwirkung erzielen. Ihre Vorstellungen eines binationalen Staates stießen schon damals auf harten Widerstand.[30]

Trotz großer Probleme bei der Integration der Einwanderer beeinflusste die fünfte Alijah in vielerlei Beziehung den werdenden Staat. Nicht nur Rechtsanwälte und Ärzte, sondern auch Banker, Industrielle und Wissenschaftler hatten einen entscheidenden Anteil an seinem Aufbau. Die eingewanderten Architekten brachten unter anderem den Bauhaus-Stil nach Palästina, vornehmlich nach Tel Aviv.[31]

Auch Kunst und Musik wurden von den deutschsprachigen Einwanderern beeinflusst. In der 1935 neu eröffneten Kunstschule Bezalel Chadash/ Neues Bezalel waren beispielsweise in den ersten Jahren fast ausschließlich Lehrer und Künstler aus Deutschland und Österreich angestellt. Bereits Anfang des Jahrhunderts war die Kunstschule Bezalel in Jerusalem gegründet worden, die aber aufgrund mangelnden öffentlichen Interesses wieder geschlossen werden musste. Mit den Neueinwanderen hatte sich die Lage geändert.

Das Israelische Philharmonische Orchester wurde 1936 von dem Violin-Virtuosen Bronislaw Hubermann in Tel Aviv gegründet. Die vielen Musikliebhaber feierten das neue Ensemble, das zahlreichen neu eingewanderten

oben
Kunstunterricht in der Kunstschule Bezalel Chadash mit Kunstlehrer Rudi Dayan
unten
Warten auf Karten für ein Konzert des Philharmonischen Orchesters, 1939

Musikern eine Wirkungsstätte bot. »Beim Engagement sollten Juden aus Deutschland den Vorrang haben. Streicher waren in genügender Zahl vorhanden, aber es fehlte an Bläsern. Hubermann ermächtigte den Dirigenten Michael Taube, nach Deutschland zu fahren und jüdische Musiker anzuwerben. Bereits 1934 gelang es, innerhalb von 18 Tagen 12 ausverkaufte Konzerte zu geben.«[32]

Auch in der Landwirtschaft taten sich die deutschsprachigen Einwanderer mit der Gründung von »Mittelstandssiedlungen« hervor. Im Unterschied zu den Kibbuzim bekam jede Familie einen eigenen Hof, die Bearbeitung war ihre alleinige Aufgabe. Die Vermarktung dagegen unterstand der Dorfverwaltung. Man baute Obst und Gemüse an und machte sich vor allem mit der Hühnerzucht einen Namen. Der Erfolg brachte ihnen den Spitznamen »Eier-Jeckes« ein.

Aus einer von Jeckes 1934 gegründeten landwirtschaftlichen Siedlung entstand die Küstenstadt Nahariya in Westgaliläa, in der vornehmlich deutsch gesprochen wurde.

DEUTSCH-SPRACHIGE DICHTER IN ISRAEL

Emigranten lesen Zeitungen in ihrer Muttersprache: Hebräisch, Yiddisch, Deutsch, Englisch, Französisch, Rumänisch, Ungarisch, Russisch, Polnisch etc.

»*Aus einem Land kann man auswandern, aus einer Sprache nicht.*«
Schalom Ben-Chorin [33]

Mit dem Wissen um die Ermordung der europäischen Juden wurde die deutsche Sprache in Palästina tabuisiert und dies blieb mehr als drei Jahrzehnte lang so. Für die meisten Emigranten bedeutete jedoch die Muttersprache Heimat, unabhängig davon, wie sehr sie mit dem neuen Land verbunden waren. Dies gilt insbesondere für die eingewanderten Dichter und Schriftsteller, auch für die Journalisten in Palästina, deren »Handwerkszeug Sprache« nicht einfach ausgetauscht werden konnte.
Für viele der deutschsprachigen Einwanderer war es schwierig, Hebräisch zu erlernen. Nicht nur die neuen Lebensbedingungen ließen kaum Raum, sondern auch die Besonderheiten der neuen Sprache wie Satzbau, Satzstruktur und Satzbild ergaben zusätzliche Schwierigkeiten. Die Einwanderer aus den osteuropäischen Ländern beherrschten bei ihrer Ankunft zumindest das hebräische Schriftbild und hatten durch die Kenntnisse der jiddischen Sprache einen Vorteil. »Nur eine dünne Schicht, die meist der reichen Gesellschaft angehörte, beherrschte Russisch wie Polnisch als Muttersprache. Wer mit Jiddisch aufwuchs, war von Kindheit an mit den hebräischen Schriftzeichen vertraut, die auch dem Jiddischen dienten.«[34]
Einer der kursierenden Witze über die Jeckes bezog sich auf die fehlenden hebräischen Sprachkenntnisse. Ein Einwanderer aus Deutschland lerne nämlich so lange Hebräisch, bis er die (englischsprachige) *Jerusalem Post* [35] lesen könne. Auch wenn die meisten Einwanderer Palästina als ihre neue Heimat und nicht als Asyl betrachteten, so waren doch der Anpassungsdruck und die Ablehnung der deutschen Sprache schwer zu verkraften. Man versuchte, trotz aller Hindernisse, aus pragmatischen Gründen weiterhin deutsch zu sprechen.

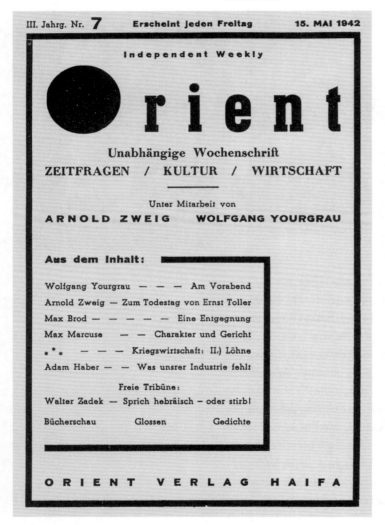

Titelblatt *Orient*,
15. Mai 1942

Neben dem bereits vorgestellten *Mitteilungsblatt* der HOG entstanden in den vierziger Jahren noch weitere deutschsprachige Zeitungen. In Haifa erschienen, zunächst hektografiert, *Blumenthals Neueste Nachrichten*, die gedruckt den hebräischen Titel *Jediot Chadaschot* (Neueste Nachrichten) erhielten. Der Hass gegen die deutsche Sprache ging so weit, dass Extremisten die Druckmaschinen der Tageszeitung zerstörten.[36] Die Zeitung konnte sich aber trotz des massiven äußeren Drucks halten und bekam mit Gründung der *Israel Nachrichten* (Chadaschot Israel) eine neue äußere und innere Gestaltung.

Eine zweite deutschsprachige Zeitung, die *Jediot Hayom*, kam in Tel Aviv heraus.

Am 10. April 1942 erschien in Haifa die von Wolfgang Yourgrau herausgegebene deutschsprachige Zeitschrift *Orient*. Die Zeitschrift sollte die »Tribüne für all diejenigen darstellen, die bereit sind, zu den Problemen des Landes und zu den Fragen des Zeitgeschehens sachliche Beiträge zu liefern. Unsere Zeitschrift erscheint in deutscher Sprache ... Dieses Blatt soll den Leser erreichen, dem die Beherrschung der hebräischen Sprache für die Zeitdauer dieses Krieges ein unerreichbares Ziel bleiben wird ... Jeder faschistischen Regung, jedem Versuch, das Recht der freien Meinungsbildung einzuschränken, das zu den ewigen Gütern der Menschheit gehört – schärfsten Kampf sagen wir ihnen an.«[37]

Ein freier kritischer Meinungsjournalismus hatte jedoch mit enormen Schwierigkeiten zu kämpfen. Schon kurz nach dem ersten Erscheinen des *Orient* hatte es die Zeitschrift mit massiven Anfeindungen durch zionistische Organisationen zu tun: »Dem ersten Drucker wurde sofort nahegelegt, seine Mitarbeit einzustellen mit der erpresserischen Drohung, ihm würden sonst alle anderen Druckaufträge entzogen. Man sagte nie, es ginge um die Gesinnung der Zeitschrift, sondern sprach nur von der Durchsetzung der hebräischen Sprache.«[38]
In Wirklichkeit werden beide Faktoren eine große Rolle gespielt haben. Als Arnold Zweig als Mitarbeiter des *Orient* am 30. Mai 1942 zugunsten der Kommunistischen Partei Liga V im Tel Aviver Esther-Kino auf Deutsch einen Vortrag hielt, wurde die Veranstaltung von einem Schlägertrupp extremer Zionisten aufgelöst. Die Zeitschrift geriet immer mehr unter Druck. Die Boykottaufrufe gegen das Blatt nahmen zu und Zweig schrieb erzürnt: »Wir sprachen im Esther-Kino deutsch, weil wir unsere Menschen in seelischen Zentren anzurühren hatten, weder weil es die Sprache Goethes noch gar weil es das Gurgeln und Brüllen des Hitler ist. ... Wir sind nicht hierhergekommen, um einem Faschismus zu entkommen und dem anderen zu verfallen.«[39] Es half nichts, am 2. Februar 1943 fiel die Druckerei, die die Herausgeber nach langer Suche für den *Orient* gefunden hatten, einem Bombenanschlag der Haganah zum Opfer. Am 7. April 1943 erschien die letzte Ausgabe des *Orient*.
Bis heute erscheint in Israel regelmäßig neben den *Israel Nachrichten* das *Mitteilungsblatt des Irgun Olej Merkas Europa* in deutscher Sprache.

Deutschsprachigen Schriftstellern, die vor ihrer Ankunft in Israel einen gewissen Bekanntheitsgrad erlangt hatten, fiel die Umgewöhnung in die neue Sprache besonders schwer. Arnold Zweig beispielsweise war bereits durch seine Kriegstrilogie in den zwanziger Jahren in Berlin berühmt geworden. Als früher Zionist kam er 1933 nach Palästina. Er hatte große Probleme, sich an das Land zu gewöhnen, an die Sprachenpolitik gewöhnte er sich nie. Am 15. Februar 1936 schrieb er enttäuscht an Sigmund Freud: »Ich sträube mich gegen das ganze Dasein hier in Palästina. Ich fühle mich falsch am Platze. Kleine Verhältnisse, noch verkleinert durch den hebräischen Nationalismus der Hebräer, die keine andere Sprache öffentlich zum Druck zulassen. Daher muss ich hier ein übersetztes Dasein führen. Aber wenn schon ins Englische übersetzt, warum dann hier?...«[40]

Während verschiedene Exilzeitschriften Zweigs Texte veröffentlichten, wurden erst 1943 zwei Bücher von ihm in die hebräische Sprache übersetzt: »Das Beil von Wandsbek« und »Der Spiegel des großen Kaisers«. Arnold Zweig kehrte nach Kriegsende nach Deutschland zurück.

Eine weitere bekannte deutschsprachige Schriftstellerin in Palästina war Else Lasker-Schüler. Sie war am 19. April 1933 von Deutschland in die Schweiz emigriert. Von dort aus reiste sie 1934 zum ersten Mal nach Palästina. Im Juni 1937 folgte ihre zweite Reise in ihr »Hebräerland«. 1939 kam sie erneut nach Jerusalem und blieb ungewollt. Ihre Reise war auf drei Monate geplant, doch der Ausbruch des Krieges verhinderte die Rückkehr in die Schweiz.
Ihre poetischen Phantasien vom Heiligen Land stimmten nicht mit der Realität Palästinas überein. In einem Brief an den Kaufhausgründer und Verleger Salman Schocken, der sie finanziell unterstützte, schrieb sie am 6. Dezember 1939: »... Ich bin so tief enttäuscht. Wenn man sich auch manchmal unterhält mit einem Menschen, so bleibt kein Blutgewebe, das verbindet. Weg ist hier weg und fort, fort. Es ist keine Wärme hier, die wandert von Haus zu Haus, kein Haus verwandt mit dem anderen Haus. Ich – namentlich bin fremd unter auswendig gelernter Schätzung und Kleinbürgerlichkeit. ...«[41]

Else Lasker-Schüler suchte das Berliner Ambiente, das Kaffeehaus-Leben der Großstadt. Sie wollte in Jerusalem ihr gewohntes Leben weiterführen und an ihrer Karriere weiterarbeiten, die im Vorkriegs-Berlin auf ihrem Höhepunkt angekommen war. In Palästina aber war ihre dichterische Schaffenskraft gehemmt, denn das Publikum fehlte. Hier war sie eine Unbekannte, die weder die Sprache des Landes verstand noch das politische und soziale Klima ertragen konnte.
Um sich wieder ein Publikum zu schaffen, gründete sie 1941 den »Kraal«, einen deutschsprachigen literarischen Veranstaltungsring. Hier hielten u. a.

bekannte Künstler und Wissenschaftler wie Ernst Simon, Martin Buber, F. S. Grosshut und Walter Jablonski Vorträge und auch Dichterlesungen fanden statt. Eigenhändig schrieb sie die Einladungen und übergab sie meistens persönlich. Alle vierzehn Tage, manchmal sogar wöchentlich, traf man sich zum gemeinsamen Kulturabend und Else Lasker-Schüler las aus ihren Werken vor. Rolf Radlauer (Mitglied des Lyris-Kreises, siehe S. 80 ff.), der

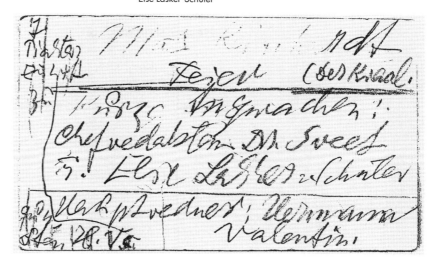

Handschriftliche Kraal-Einladung von Else Lasker-Schüler

einige Male dem Kraal beiwohnte, erzählte uns von seinen Begegnungen mit Else Lasker-Schüler:

»Sie wurde damals viel beachtet und belächelt. Die Vortragsabende waren phantastisch. Diese kleine Frau nahm dann einen Schal und einen Gong. Sie hat mit dem Gong geschlagen und mit starker Stimme die verschiedenen Personen aus Ihren Dramen vorgelesen. Das war großartig. Die Zuhörer unterstützten sie, auch finanziell. Sie konnte nicht mit Geld umgehen. Wenn sie welches hatte, verschenkte sie es an Bettler oder gab es aus, sie konnte es nicht verwalten. Else Lasker-Schüler sprach kein Hebräisch, aber sie sagte einmal, ›meine Gedichte sind Hebräisch‹ – und es stimmte. Sie fühlte sich in Israel nicht wohl. Sie lebte in ihrer Welt, sie sah das himmlische Jerusalem nicht das irdische.«

Am 22. Januar 1945 starb Else Lasker-Schüler an den Folgen einer Angina Pectoris im Jerusalemer Hadassa-Krankenhaus.

Unzählige weitere Schriftsteller kamen nach Israel und vielen gelang es, sich zu assimilieren. Unter ihnen war auch Max Brod, der ausreichend Hebräisch lernte, um sich »zu Hause« zu fühlen. Er schrieb jedoch in deutscher Sprache weiter und erklärte nach vielen Lebensjahren in seiner neuen Heimat: »Ich liebte Schalom Asch, aber ich lebte Wedekind.«[42]

Max Brod
Hebräische Lektion

Dreißig Jahre alt bin ich geworden,
Eh ich begann, die Sprache meines Volks zu lernen.
Da war es mir, als sei ich dreißig Jahre taub gewesen.

Und nun erschütterten, so lang zurückgehalten,
Daß losgelassen sie wie Blitz die Luft durchschlugen,
Nun schütterten mein Ohr die alten Laute.

Die meine Wiege schön umklungen hätten,
Die mir in Knabenschritt und erster Liebe
Und erster Mannestat Geleit gewesen wären.

Nun kam zu spät das Wiegenlied und klang nicht süß.
Nein, wie erzürnt ob bitterer Versäumnis
Brach es als Blitz und jäher langer Donnerton.

Mit Krampf und Wirrwarr her. Doch neigte ich
Das Haupt ihm gern, wie man der Mutter lauscht,
Der Zürnenden, und aus dem Grollen war's,

Als klirre Wüste auf, Zusammenlaufen,
Ein Späherpfiff, ein ganz vergeß'ner Hörnerschall
Und unsres alten Gottes Zuruf vom Gebirge.[43]

Auch der Dichter und Literaturhistoriker Werner Kraft lebte sich – trotz des unauflösbaren Sprachenproblems – in der neuen Heimat ein. 1896 in Braunschweig geboren, hatte er 1933 seine Stelle als Bibliotheksrat in Hannover verloren und war 1934 nach Palästina emigriert.

Er berichtet:

»Schon im April 1933 verließ ich Deutschland. Seit 1934 lebe ich in Jerusalem. Es heißt, die Luft dieses Landes macht weise; das Exil wurde zur Heimat. Aber die Mühe des Anfangs war groß. Nicht nur die materiellen, auch die geistigen Lebensadern waren mir durchgeschnitten. Ich hatte Freunde. ... Nur in dem, was ich zu sein glaubte, ein Schriftsteller und Dichter der deutschen Sprache, konnte mir niemand helfen. Was sollte ich tun? Ich setzte meine Leben fort. Ich schöpfte wie bisher aus den Quellen des deutschen Geistes und der deutschen Sprache. Ich tat es noch angesichts des ungeheuren Frevels, der von Deutschland aus das große Unglück über das jüdische Volk und die Welt als ganze gebracht hat. Mir blieb keine Wahl.« [44]

Manche Einwanderer lernten, ihre Dichtkunst in Hebräisch umzusetzen. So beispielsweise der Dramaturg Ludwig Strauß, der – ohne Hebräischkenntnisse nach Palästina ausgewandert – die neue Sprache vollständig verinnerlichte.[45]

Die meisten der auf Deutsch schreibenden Dichter Israels sind Mitglieder im Verband deutschsprachiger Schriftsteller, der im März 1975 gegründet wurde. Bis zu diesem Jahr lehnte der hebräische Schriftstellerverband die Aufnahme von Schriftstellern ab, die in anderen Sprachen schrieben. Die Auseinandersetzung um die Aufnahme arabischer Schriftsteller 1974 mündete in der Gründung eines Dachverbandes für hebräische, arabische, jiddische, russische und rumänische Schriftsteller. Dies wurde zum Anlass, auch einen Verband deutschsprachiger Schriftsteller zu gründen.

Trotz des Zusammenschlusses besteht bis heute ein Mangel an Kontakten zu Verlegern, zur Bühne und damit zu einem Publikum. Die meisten Schriftsteller konnten und können in ihrer neuen Umgebung nicht von ihrer literarischen Arbeit leben. Manche konnten ihr Talent trotz aller Hindernisse entfalten und bekannt machen, andere sind bis heute nur einem kleinen Leserkreis ein Begriff.

Briefkopf eines
Rundschreibens
des Verbands
deutschsprachiger
Schriftsteller

אגודת הסופרים בשפה הגרמנית בישראל
VERBAND DEUTSCHSPRACHIGER SCHRIFTSTELLER IN ISRAEL
P.O.B. 2210 Petach Tikva 49120 פתח תקוה 2210 .ת.ד

Vorsitzender: Josef Norbert Rudel, 49397 Petach-Tikwa, Ahronson Str. 17, Tel./Fax. 03- 9306049
Vizevorsitzende: Hanna Blitzer, 69018 Tel-Aviv, Kehilat Sofia Str. 14, Tel. 03- 6479406
Vizevorsitzende: Eva Basnizki, Doar Na, Harei Jehuda, 90830 Bet Nakofa, Tel. 02-5342269

MITGLIED DES BUNDESVERBAND DEUTSCHER AUTOREN E.V. BERLIN
Registered officially under No. 58-002-753-0 'האגודה רשומה ברשימת העמותות מס

Ein kleiner Kreis deutschsprachiger Schriftsteller konstituierte sich in Israel, fand sich zusammen und besteht bis heute: der Lyris-Kreis.

ANMERKUNGEN

1   1959 erhielt das Ehepaar Boyko gemeinsam den Flemingpreis für die Entdeckung der Salzwasserirrigation.

2   Zu Todesmärschen kam es hauptsächlich in der Endphase des Krieges, als die Konzentrationslager »evakuiert« wurden. Sie fanden aber auch schon während des Krieges statt. Während der langen Märsche der bewachten Gefangenenkolonnen wurden die Gefangenen brutal misshandelt und Unzählige ermordet. Wer das Marschtempo nicht mithalten konnte, wurde erschossen.

3   Annemarie Königsberger: Neunzehnhundertzwanzig bis November Neunzehnhundertneunundachzig. In: Der literat, 1990, 32. Jg., Nr. 3, S. 70 f.

4   Vgl. C. Laharie: Le Camp de Gurs, Paris 1985. H. Schramm: Menschen in Gurs. Erinnerungen an ein französisches Internierungslager, 1940–1941, Worms 1977. E. R. Wiehn (Hrsg.): Die sogenannte Abschiebung der badischen und französischen Juden in das französische Internierungslager Gurs und andere Vorstationen von Auschwitz, Konstanz 1990.

5   Vgl. L. Erwin-Deutsch: Nachtschicht im Lager III in Kaufering. In: Dachauer Hefte 2 (1986), S. 79–123.

6   Siehe Kapitel: Die Wege nach Palästina, S. 150.

7   Siehe Kapitel: Die Wege nach Palästina, S. 144.

8   Ernest Wichner/Herbert, Wiesner (Hrsg.): In der Sprache der Mörder. Eine Literatur aus Czernowitz, Bukowina, Berlin 1993, S. 21.

9   1875 wurde die Franz Joseph Universität eröffnet; es gab 14 öffentliche und private Jungengymnasien, 2 Realschulen und 564 Volksschulen in der Bukowina. Siehe Hannelore Burger: Mehrsprachigkeit und Unterrichtswesen in der Bukowina 1869–1918. In: Ilona Slawinski/Joseph P. Strelka: Die Bukowina. Vergangenheit und Gegenwart, Bern 1995, S. 113 f.

10 Rose Ausländer. In: Die Sichel mäht die Zeit zu Heu. Gedichte 1957–1965, Frankfurt a. M. 1985, S. 16.

11 Ilana Schmueli: Denk Dir. Paul Celan in Jerusalem. In: Jüdischer Almanach 1995, Frankfurt a. M. 1994, S. 14.

12 Michael John/Albert Lichtblau: Mythos »deutsche Kultur«. Jüdische Gemeinden in Galizien und der Bukowina. In: Klaus Werner: Fäden ins Nichts gespannt. Deutschsprachige Dichtung aus der Bukowina, Frankfurt a. M. 1994, S. 111 f.

13 Martin Gilbert: Endlösung. Die Vertreibung und Vernichtung der Juden, Reinbek, 1995, S. 244.

14 Wolfgang Benz (Hrsg.): Die Juden in Deutschland 1933–1945, München 1993, S. 11.

15 Juliane Wetzel: Auswanderung aus Deutschland. In: Wolfgang Benz (Hrsg.): Die Juden in Deutschland 1933–1945, München 1993, S. 415.

16 PHILO-Atlas. Handbuch für die jüdische Auswanderung. Reprint der Ausgabe von 1938, mit einem Vorwort von Susanne Urban-Fahr, Bodenheim 1998.

17 Vor dem Ersten Weltkrieg war Palästina keine eigenständige politische Einheit, sondern gehörte als Teil Syriens zum Osmanischen Reich. Als sich 1916 die Auflösung des Osmanischen Reiches abzeichnete, teilten Frankreich und England ihre Interessensgebiete auf, und Palästina wurde 1917 von englischen Truppen besetzt. 1920 übergab der Völkerbund das Palästina-Mandat an Großbritannien.

18 Die Histraduth war die 1920 gegründete jüdische Arbeitergewerkschaft in Palästina.

19 Alexander Flores: Die Entwicklung der palästinensischen Nationalbewegung. In: Helmut Mejcher: Die Palästina-Frage 1917–1948, Paderborn 1993, S. 112.

20 1000 Pfund Sterling entsprachen etwa 15 000 Reichsmark, eine damals beträchtliche Summe. Vgl.: Tom Segev: Die Siebte Million, Reinbek 1995, S. 31.

21 PHILO-Atlas [wie Anm. 16], S. 140 ff.
22 Tom Segev: Die Siebte Million [wie Anm. 20], S. 62.
23 Vgl. Oda Kova: Recha Freier – the dreaming Woman. In: Walter Zadek (Hrsg.): Sie flohen vor dem Hakenkreuz, Reinbek 1981, S. 93–99.
24 Die britische Kommission schlug 1937 aufgrund der Spannungen einen Teilungsplan vor, in dem der größere, aber unfruchtbare Teil mit der Negevwüste den Arabern, der kleinere fruchtbare Teil im Nordwesten des Landes an die jüdische Bevölkerung übertragen werden sollte. Jerusalem sollte weiterhin unter britischer Kontrolle stehen.
25 Juliane Wetzel: Auswanderung [wie Anm. 15], S. 472 ff.
26 Unter »Umschichtung« verstand man die berufliche Anpassung an die Normen und Bedürfnisse der Pioniergesellschaft.
27 Gerda Luft: Heimkehr ins Unbekannte, Wuppertal 1977, S. 77. Gerda Luft, Journalistin, 1898 in Königsberg geb., Auswanderung 1924 nach Palästina, verheiratet mit dem zionistischen Arbeiterführer Chaim Arlosoroff, der 1933 in Tel Aviv ermordet wurde.
28 1979 wurde im israelischen Fernsehen ein Dokumentarfilm mit dem Titel »Die Jeckes« gezeigt. Ein Bürger deutscher Herkunft klagte beim Obersten Gerichtshof gegen die Verwendung des beleidigenden Begriffs. Das Gericht dagegen bezeichnete den Begriff Jecke als einen der Achtung und Zuneigung und lehnte den Antrag auf einstweilige Verfügung gegen die Verwendung des Begriffs ab.
29 Michael Volkmann: Neuorientierung in Palästina, Tübingen 1992, S. 66.
30 Agnes Viest: Identität und Integration. Dargestellt am Beispiel mitteleuropäischer Einwanderer in Israel, Frankfurt a. M. 1962, S. 52 ff.
31 Deutsch-Israelische Gesellschaft Arbeitsgemeinschaft Bonn (Hrsg.): Die »Jeckes« in Israel. Der Beitrag der deutschsprachigen Einwanderer zum Aufbau Israels. Katalog zur Ausstellung, Bonn 1995, S. 53.
32 Herbert Freeden: Requiem für die Jeckes. In: Alice Schwarz-Gardos (Hrsg.), Heimat ist anderswo, Freiburg 1983, S. 26.
33 Schalom Ben-Chorin, geb. 1913 in München, gest. 1999 in Jerusalem, Schriftsteller, Journalist und Dozent u. a. am Theologischen Institut auf dem Sionsberg/Jerusalem (Dormition Abbey), 1958 Gründer der ersten jüdischen Reformgemeinde »Har-El« in Jerusalem und der Bewegung für Progressives Judentum in Israel. Vgl. Walter Homolka (Hrsg.): Schalom Ben-Chorin. Ein Leben für den Dialog, Gütersloh 1999.
34 Gerda Luft: Heimkehr ins Unbekannte [wie Anm. 27], S. 118.
35 Jerusalem Post: größte englischsprachige Zeitung in Israel.
36 Freeden: Requiem für die Jeckes [wie Anm. 32], S. 25.
37 Wolfgang Yourgrau in: Orient, Nr. 1, vom 31.3.1942, S. 2.
38 Rudolf Hirsch/Ursula Behse: Exil in Palästina in: Exil in der Tschechoslowakei, in Großbritannien, Skandinavien und Palästina, Frankfurt a. M. 1981, S. 574 ff.
39 Cinema Esther Pantomime. In: Orient, Nr. 13 vom 26.6.1942.
40 Ernst L. Freud (Hrsg.): Sigmund Freud – Arnold Zweig, Briefwechsel, Frankfurt a. M. 1968, S. 130 f.
41 Else Lasker-Schüler: Was soll ich hier. Exilbriefe an Salman Schocken, Heidelberg 1986, S. 609.
42 Gerda Luft: Heimkehr ins Unbekannte [wie Anm. 27], S. 122.
43 Max Brod: Hebräische Lektion. In: Alice Schwarz-Gardos (Hrsg.): Heimat [wie Anm. 32], S. 154. Max Brod, geb. 1884 in Prag, gest. 1968 in Tel Aviv-Jaffa, Schriftsteller, Theater- u. Musikkritiker, Dramaturg, Lyriker und Übersetzer, emigrierte 1939 nach Tel Aviv, war Freund Franz Kafkas, dessen Werke er posthum herausgab.
44 Werner Kraft: Spiegelung der Jugend, Frankfurt a. M. 1996, S. 126.
45 Gerda Luft, Heimkehr ins Unbekannte [wie Anm. 27], S. 124.

LITERATUR- UND QUELLENVERZEICHNIS

Adler-Rudel, S.: Das Auswanderungsproblem im Jahre 1938. In: Bulletin des Leo Baeck Instituts (LBI), 10. Jg. 1967, Nr. 38–39.

Alijah. Informationen für Palästina-Auswanderer. Hrsg. v. Palästina-Amt der Jewish Agency, 8. Auflage, Berlin 1936.

Alija Chadascha (Hrsg): 10 Jahre Alija Chadascha, Tel Aviv 1943.

Amir, Dov: Leben und Werk der deutschsprachigen Schriftsteller in Israel. Eine Bio-Bibliographie, München-New York 1980.

Ball-Kaduri, K. J.: Die illegale Alijah aus Hitler-Deutschland nach Erez Israel. O. O, o. J.

Bauschinger, Sigrid: Das sterbende Gedicht. Deutsche Lyrik in Israel. In: Auseinandersetzungen um jiddische Sprache und Kultur. Jüdische Komponenten in der deutschen Literatur – die Assimilationskontroverse. Hrsg. von Walter Röll und Hans Peter Bayerdörfer. Akten des VII. Internationalen Germanistenkongresses, Bd. 5, Göttingen 1985, S. 237–243.

Beling, Eva: Die gesellschaftliche Eingliederung der deutschen Einwanderer in Israel. Eine soziologische Untersuchung der Einwanderung aus Deutschland zwischen 1933 und 1945, Frankfurt a. M. 1967.

Ben-Jo'es, Elazar: Max Zweig, München 1972.

Ben-Chorin, Schalom: Sprache als Heimat. In: Ders., Germania Hebraica. Beiträge zum Verhältnis von Deutschen und Juden, Gerlingen 1982, S. 33–50.

Ben-Chorin, Schalom: Jussuf in Jerusalem. In: Else Lasker-Schüler. Ein Buch zum 100. Geburtstag der Dichterin. Hrsg. von Michael Schmid, Wuppertal 1969, S. 55–69.

Ben-Gurion, David: Zionistische Alijah-Politik. Hrsg. von Hechaluz, Berlin 1934.

Ben-Meir, Dov: Histraduth. Die israelische Gewerkschaft, Bonn 1982.

Benz, Wolfgang (Hrsg.): Das Exil der kleinen Leute. Alltagserfahrungen deutscher Juden in der Emigration, Frankfurt a. M. 1994.

Benz, Wolfgang (Hrsg.): Die Juden in Deutschland 1933–1945, München 1993.

Betten, Anne/Du-nour, Miryam: Wir sind die Letzten. Fragt uns aus. Gespräche mit Emigranten der dreißiger Jahre in Israel, Gerlingen 1995.

Bodenheimer: Die auferlegte Heimat. Else Lasker-Schülers Emigration in Palästina, Tübingen 1995.

Bord-Merkblatt für die Ankunft in Palästina. Sommer-Ausgabe, o. O. 1935.

Das Haushaltslexikon für Erez Israel, Tel Aviv 1940.

Der Weg der deutschen Alijah. Rechenschaft, Leistung, Verantwortung, Tel Aviv 1939.

Deutsch-Israelische Gesellschaft Arbeitsgemeinschaft Bonn (Hrsg.): Die »Jeckes« in Israel. Der Beitrag der deutschsprachigen Einwanderer zum Aufbau Israels. Katalog zur Ausstellung, Bonn 1995.

Erel, Shlomo: Neue Wurzeln: 50 Jahre deutschsprachige Juden in Israel, Gerlingen 1983.

Faerber, Meir M. (Hrsg.): Stimmen aus Israel. Ein Anthologie deutschsprachiger Literatur in Israel, Gerlingen 1979.

Gelber, Joav: Deutsche Juden im politischen Leben des jüdischen Palästina 1933–1948. In: Bulletin LBI 76 (1987), S. 51–72.

Godenschweger, W.: Die rettende Kraft der Utopie. Deutsche Juden gründen den Kibbuz Hasorea, Frankfurt a. M. 1990.

Graupe, Heinz M.: Kulturelle Probleme und Aufgaben der Juden aus Deutschland in Israel seit 1933. In: In zwei Welten. Siegfried Moses zum 75. Geburtstag, S. 280–329. Hrsg. von Hans Tramer, Tel Aviv 1962.

Grözinger, Karl-Erich (Hrsg.): Sprache und Identität. Potsdamer Jüdische Studien I., Gerlingen 1997.

Gronemann, Sammy: Sichronoth shel Jecke. Erinnerungen eines Jecken, Tel Aviv 1947.

Hecker, Max: Das jüdische Technikum in Haifa, Wien o. J.
Hegirat ha-yehudim mi-germaniah (hebr.) 1933–1941, Die jüdische Auswanderung aus Deutschland 1933–1941. Austellungskatalog, hrsg. vom Goethe-Institut, Tel Aviv 1989.
Hessing, Jacob: Else Lasker-Schüler. Biographie einer deutsch-jüdischen Dichterin, Karlsruhe 1985.
Hirsch, Rudolf/Behse, Ursula: Exil in Palästina. In: Exil in der Tschechoslowakei, in Großbritanien, Skandinavien und Palästina (= Kunst und Literatur im antifaschistischen Exil, 1933–1945, Bd. 5), Frankfurt a. M. 1981, S. 561–622.
Jütte, Robert: Die Emigration der deutschsprachigen »Wissenschaft des Judentums«, Stuttgart 1991.
Kanaan, Haaviv: Die fünfte Kolonne: die Deutschen in Erez Israel 1933–1945, Tel Aviv 1976.
Kestenberg, Leo: Bewegte Zeiten: Musisch-musikalische Lebenserinnerungen, Zürich 1961.
Kittner, Alfred: »Hungermarsch und Stacheldraht...«, Bukarest 1956.
Klein, Judith: Der deutsche Zionismus und die Araber Palästinas. Eine Untersuchung der deutsch-zionistischen Publikationen 1917–38, Frankfurt a. M. 1982.
Kraft, Werner: Spiegelung der Jugend, Frankfurt a. M. 1996.
Kupferberg, Alfred: Deutsche Juden im jüdischen Land. Palästinaberichte eines jüdischen Journalisten, Hamburg 1934.
Landau, Lola: Leben in Israel, Marbach 1987.
Landauer, Georg: Galuth Aschkenas-Schwiwath Zion. In: Die deutsche Alijah in der Histraduth. Ein Bericht über das Landestreffen 25.–27. April 1935, S.10–15.
Lasker-Schüler: Else, Was soll ich hier. Exilbriefe an Salman Schocken, Heidelberg 1986.
Loewy, Ernst: Jude, Israeli, Deutscher – Mit dem Widerspruch leben. In: Exilforschung 4 (1986), S.13–42.
Loewy, Hanno: Kein Utopia. In: Walter Zadek. Kein Utopia ... Araber, Juden, Engländer in Palästina. Fotografien aus den Jahren 1935–1941. Hrsg. u. ausgewählt v. Hanno Loewy, Berlin 1986.
Luft, Gerda: Heimkehr ins Unbekannte – Eine Darstellung der Einwanderung von Juden aus Deutschland nach Palästina 1933–1939, Wuppertal 1977.
Luft, Gerda: Wieviel kostet ein Haushalt in Palästina? In: Jüdische Rundschau, Nr. 34 vom 28.4.1933, S.169.
Mejcher, Helmut: Die Palästina-Frage 1917–1948, Paderborn 1993.
Melzer, Wolfgang: Biographien jüdischer Palästina-Pioniere aus Deutschland. Über den Zusammenhang von Jugend- und Kibbuzbewegung, Obladen 1989.
Mertens, Lothar: Alijah. Die Emigration der sowjetischen Juden, Bochum 1991.
Michaelis-Stern: Eva, Erinnerungen an die Anfänge der Jugendalijah in Deutschland. In: LBI Bulletin 70/1985, S. 55–66.
Müller-Salget, Klaus: Deutschsprachige Schriftsteller in Palästina und Israel. Ein Forschungsprojekt. In: Auseinandersetzungen um jiddische Sprache und Kultur. Jüdische Komponenten in der deutschen Literatur – die Assimilationskontroverse, hrsg. von Walter Röll und Hans Peter Bayerdörfer. Akten des VII. Internationalen Germanistenkongresses, Bd. 5, Göttingen 1985, S. 251–260.
Pazi, Margarita (Hrsg.): Spurenlese, Deutschsprachige Autoren in Israel – eine Anthologie, Gerlingen 1996.
PHILO-Atlas. Handbuch für die jüdische Auswanderung. Reprint der Ausgabe von 1938, Bodenheim 1998.
Reinharz, Jehuda: Die Ansiedlung deutscher Juden im Palästina der 30er Jahre. In: Menora. Jahrbuch für deutsch-jüdische Geschichte 1991, S. 163–184.
Schmueli, Ilana: Denk dir. Paul Celan in Jerusalem. In: Jüdischer Almanach von 1995, S. 9–37, Frankfurt a. M. 1994.

Schlör, Joachim: Tel Aviv. Vom Traum zur Stadt. Reise durch Kultur und Geschichte, Gerlingen 1996.

Segev, Tom: Die siebte Million, Reinbek 1995.

Schwarz-Gardos, Alice (Hrsg.): Heimat ist anderswo, Freiburg 1983.

Sonderheft anlässlich der 50-Jahrfeier. In: Mitteilungsblatt des Irgun Oleh Merkas Europa (MB), 7.9.1983.

Strauss, Liesel: Die Einwanderung nach Palästina seit dem Weltkrieg (Jur. Diss.), Genf 1938.

Turnowsky-Pinner, Margarete: Die zweite Generation mitteleuropäischer Siedler in Israel, Tübingen 1962.

Viest, Agnes: Identität und Integration. Dargestellt am Beispiel mitteleuropäischer Einwanderer in Israel, Frankfurt a. M. 1962.

Volkmann, Michael: Neuorientierung in Palästina. Erwachsenenbildung deutschsprachiger jüdischer Einwanderer 1933–1948, Tübingen 1992.

Walk, Joseph: Kurzbiographien zur Geschichte der Juden 1918–1945. Hrsg. vom Leo Baeck Institute, Jerusalem, München u. a. 1988.

Weinzierl, Erika/Kulka, Otto D.: Vertreibung und Neubeginn. Israelische Bürger österreichischer Herkunft, Wien 1992.

Werner, Klaus: Fäden ins Nichts gespannt. Deutschsprachige Dichtung aus der Bukowina, Frankfurt a. M. 1994.

Wichner, Ernest/Wiesener, Herbert (Hrsg.): In der Sprache der Mörder. Eine Literatur aus Czernowitz, Bukowina, Berlin 1993.

Wolff, Arie: Größe und Tragik Arnold Zweigs. Ein jüdisch-deutsches Schicksal in jüdischer Sicht, London 1991.

Wormann, Curt: German Jews in Israel. Their cultural situation since 1933. In: Yearbook of the LBI 15 (1970), S. 73–103.

Yourgrau, Wolfgang: Einordnung und frühes Leid. In: Orient. Unabhängige Wochenzeitschrift. Hrsg. von Wolfgang Yourgrau und Arnold Zweig. Teil I in Heft 28/1942, S. 1–5, Teil II in Heft 30/1942, S. 2–7.

Zadek, Walter: Emigration und Wesensverwandlung. In: Ders. (Hrsg.): Sie flohen vor dem Hakenkreuz. Selbstzeugnisse der Emigranten. Ein Lesebuch für Deutsche, S. 171–185, Reinbek 1981.

Zadek, Walter: »Sprich hebräisch – oder stirb«. In: Tischler, Paul (Hrsg.): 40 Jahre Israel. Die deutsche Sprache, deutschsprachige Literatur und Presse in Israel, München 1988.

Zwanzig Jahre 5. Alijah. In: Mitteilungsblatt des Irgun Oleh Merkas Europa (MB), 16.5.1952.

Zweig, Arnold: Traum ist teuer, Frankfurt a. M. 1985.

ABBILDUNGS- UND TEXTNACHWEIS

Alijah. Informationen für Palästina-Auswanderer, Berlin 1936: S. 136–138, 145.
Deutsch-Israelische Gesellschaft (Hrsg.): Die »Jeckes« in Israel. Der Beitrag der deutschsprachigen Einwanderer zum Aufbau Israels. Arbeitsgemeinschaft Bonn, Katalog zur Ausstellung, Bonn 1995: S. 147–149, 153.
Loewy, Peter, Frankfurt a. M.: S. 152.
Mitteilungsblatt der HOG, Tel Aviv, 1933: S. 150 f.
Orient. Unabhängige Wochenschrift, Mai 1942: S. 156.
PHILO-Atlas, Reprint der Ausgabe von 1938. Philo Verlagsgesellschaft mbH, Bodenheim bei Mainz/Berlin, 1998: S. 142 f.
Privatbesitz Eva Avi-Yonah, Jerusalem: S. 18–24, 26–29.
Privatbesitz Felix Badt, Jerusalem: S. 41.
Privatbesitz Eva Basnizki, Bet Nakova: S. 49 f.
Privatbesitz Annemarie Königsberger, Jerusalem: S. 58–60.
Privatbesitz Yvonne Livay, Jerusalem: S. 70 (Fotograf Samuel Batkin), 72–74.
Privatbesitz Rolf Radlauer: S. 83 f., 159.
Privatbesitz Ilana Schmueli, Jerusalem: S. 90 (Fotograf Philip Spierglas).
Privatbesitz Dorothea Sella, Jerusalem: S. 102–105.
Privatbesitz Manfred Winkler, Jerusalem: S. 110 f., 114–116.
Privatbesitz Magali Zibaso, Jerusalem: S. 124.
Rensinghoff, Bernd, Frankfurt a. M.: S. 12 f., 16, 38, 46, 56, 80, 100, 108, 122.
Rundschreiben des Verbandes deutschsprachiger Schriftsteller in Israel: S. 162.
S. Fischer Verlag: Rose Ausländer: Czernowitz. Aus: Rose Ausländer. Gesammelte Werke in Sieben Bänden. Die Sichel mäht die Zeit zu Heu. Gedichte 1957–1965, Frankfurt a. M., 1985, S. 134.
SV-Bilderdienst, Süddeutscher Verlag, München: S. 146.
Zadek, Walter (Hrsg.): Sie flohen vor dem Hakenkreuz. Reinbek 1981: S. 155.

Die Urheberrechte der abgedruckten Texte der Mitglieder des Lyris-Kreises liegen bei den Autorinnen und Autoren.

In einigen Fällen waren die Inhaber von Urheberrechten trotz umfangreicher Bemühungen nicht zu ermitteln. Der beerenverlag wird nach Anforderung rechtmäßige Ansprüche selbstredend abgelten.

ZUR AUTORIN

Dorothee Wahl, geboren 1966 in Remagen, lebte 1986–1987 in Jerusalem und Tabgha/Israel. Nach dem Studium der Geschichte und Ethnologie in Freiburg, Dakar/Senegal und Hamburg arbeitete sie als Volontärin und dann als Lektoratsassistentin beim S. Fischer Verlag in Frankfurt am Main. 1999 wurde sie Lektorin beim Verlag J. H. W. Dietz Nachfolger, Bonn. Seit 2001 lebt und arbeitet sie als freie Lektorin und Autorin in Frankfurt am Main.

Lyrik im beerenverlag – Literarische Faltpläne

Die Literarischen Faltpläne sind zusammengefaltet wie ein Stadtplan und lassen sich wie ein Buch lesen und zu einem Plakat auseinanderfalten.

Faltplan der Liebe

Herausgegeben von Deryk Streich

Ein rosengeschmücktes Druckwerk mit Liebesgedichten von Rose Ausländer, Ingeborg Bachmann, Uschi Behrendt, Erich Fried, Robert Gernhardt, Johann Wolfgang von Goethe, Mascha Kaléko, Dorothee Lamberti, Friedrich von Logau, Rainer Maria Rilke, Kurt Schwitters

Eine neue Form, Lyrik auch dem Gedichtmuffel schmackhaft zu machen. Die Faltpläne sind ein Geschenk für jede Gelegenheit, für Jung- und Altverliebte, Verlobte und Verheiratete.

»Liebesträume sind garantiert, ebenso die erwachende Lust auf mehr Lyrik. Ein gelungener Wegweiser, in jeder Tasche unterzubringen.«
Süddeutsche Zeitung

Als Faltplan (gefaltet auf 11,3 x 16 cm), 4-farbig bedruckt, in einer durchsichtigen Hülle
ISBN 3-929198-20-7, 3. Auflage   EUR 6,14
Auch als Plakat (ungefaltet) erhältlich

Faltplan der Engel

Herausgegeben von
Chrige Fankhauser
und Dorothea Walther

Mit Gedichten von
Christoph W. Aigner
Hans Arp,
Rose Ausländer,
Bertold Brecht,
Günter Grass,
Eveline Hasler,
Marie Luise Kaschnitz,
Sarah Kirsch,
Paul Klee,
Rainer Maria Rilke,
Else Lasker-Schüler,
Nelly Sachs,
Georg Trakl u. a.

Lustige, tiefsinnige, traurige und schöne Lyrik zu einem Thema, dass die Menschheit seit Jahrhunderten bewegt und beschäftigt. Mit einem Wegweiser durch Bern – der »Stadt der Engel« (auf der Rückseite des Faltplanes).

»Wenn Sie nach Poesie im Alltag suchen? Kein Problem, dafür gibt es jetzt Literarische Faltpläne. Der über Engel etwa ist auf himmelblauem Papier gedruckt, so dass man sich die Poesie auch als Poster an die Wand hängen kann.« *kultur SPIEGEL*

Als Faltplan (gefaltet auf 11,3 x 16 cm), 4-farbig bedruckt, in einer durchsichtigen Hülle
ISBN 3-929198-27-4, 2. Auflage   EUR 6,14
Auch als Plakat (ungefaltet) erhältlich